언덕 위의 하얀 집

현 대 수 필 가 1 0 0 인 선 · 0 2

언덕 위의 하얀 집

이응백 수필선

좋은수필사

▩ 책머리에

수필은 누구나 부담 없이 읽고, 마음만 먹으면 직접 쓸 수도 있는 가장 친근한 문학이다. 다른 영역의 문학이 영상매체에 밀려 신음하고 있는 중에도 수필 인구만은 날로 증가하여 바야흐로 수필 전성시대를 구가하고 있는 이유도 거기에 있을 것이다.

시대적 추세에 힘입어 수많은 수필전문지, 수필동인지가 창간되고, 이에 비례하여 신진 수필가도 날로 늘어나다 보니 이제는 그 많은 작가, 그 많은 작품 중에서 문학성 높은 작품을 가려 읽는 일이 쉽지 않게 되었다. 이런 현상은 작가에게나 독자에게나 결코 바람직한 일이 아니다. 더 나아가서는 수필을 연구하는 후세들에게도 큰 부담이 될 것이다.

이런 문제를 해결하는 데는 출판인도 마땅히 한몫을 감당해야 한다는 평소의 소신에 따라, 본사가 기꺼이 그 역할을 맡기로 했다. 그 첫 번째 사업으로 시대를 대표할 만한 수필가 100인을 선정하고, 작가가 자선한 40편 내외의 작품을 수록한 문고본을 발간하여 이를 널리 보급함으로써 그 소임을 다하고자 한다.

본사는 사명감을 가지고 이 사업을 추진해 나가기로 했다. 작가 선정을 전담할 편집위원회를 구성하고 전권을 위임하여 일체의 사적인 정실이나 청탁을 배제함으로써 전문성과 공정

성을 확보해 나갈 것이다.

따라서 이 기획물 속에는 작가의 문학정신뿐만 아니라, 본사의 문학사적 기여 의지와 편집위원 제위의 수필문학에 대한 애정과 문인으로서의 양심이 함께 담겨 있음을 자부한다. 다만, 작가를 선정하는 기준에는 많은 견해의 차이가 있을 수 있고, 선정 과정에서도 미처 챙기지 못한 부분이 있을 것이라는 사실만은 인정하지 않을 수 없다. 이 점에 대해서는 관계자 여러분의 양해 있으시기 바란다.

이 시리즈의 발간 순서는 작가, 또는 본사의 사정에 의한 것일 뿐 그 밖의 어떤 기준도 적용하지 않았음을 밝힌다.

본 기획물이 시대를 초월한 많은 수필 애호가들의 관심과 애정 속에 우리나라 수필문학 발전에 한 이정표가 되기를 바랄 뿐이다.

2007년 10월

좋은수필 발행인 서 정 환
현대수필가 100인선 간행 편집위원 박 재 식 최 병 호
정 진 권 강 호 형
변 해 명

| 차례 | 현대수필가100인선 · 02

1_부

2_부

3_부

4_부

5_부

1부

사라져 간 간판들

서울 종로 신신 백화점 건너편에 「구정 상회」라는 주단 포목점綢緞布木店 간판이 있었다. 이 「구정」이란 것은 무슨 뜻이냐 하면 사람에 따라 여러 가지로 다른 답이 나오리라. 혹자或者는 「옛정」이란 뜻으로 「舊情」, 또는 음력 정초正初에 설빔으로 쓰이는 옷감들을 판다는 데서 「舊正」이라 생각할지도 모를 일이다. 국어사전에는 이 외에도 다른 뜻의 「구정」이 있으리라. 그러나 이것은 보통 상식으로는 맞히기 어려운 특수한 말이다. 일반적으로는 거의 상상치도 못할, 그것은 바로 「九鼎」이라 쓰는 말이기 때문이다.

그러면 이 「九鼎」이란 과연 무슨 뜻인가. 좌전左傳에 보면 중국 상고 시대上古時代 하夏나라 우禹임금이 천하를 구주九州로 나누고, 중앙 집권제를 쓸 제, 구주의 장관長官 곧 구목九牧

에게 바치게 한 금金으로 솥 아홉 개를 만들어 백물百物을 상징象徵하게하고, 백성들로 하여금 신통스런 것神과 간악한 것姦을 구별하게 하였다고 했다. 그러기에 이 九鼎은 하夏 나라는 물론, 뒤의 은殷, 주周까지 三代에 걸쳐 국권國權을 상징하는 보배로 전하게 되었던 것이다. 그리고 주에서는 종묘宗廟에 대려大呂라는 큰 종鍾을 비치하여 큰 보배로 삼았다. 그리하여 「九鼎」이란 말은 그만큼 귀하다는 뜻이다. 이러한 유서由緖를 지닌 「九鼎商會」라는 간판이 그냥 「구정 상회」라고 표기됨으로써 그것이 나타내고 지녔던 뜻은 자취도 없이 사라지고, 뜻 없이 음독音讀되는 「구정」이라는 형해形骸만이 남게 되었었던 것이다.

중앙청 동남쪽에 우뚝 솟은 십자각十字閣 바로 동쪽에 「有隣藥局」이란 약방이 있었다. 이 「有隣」이란 말은 논어論語의 「德必有隣」이란 말에서 따온 것이다. 덕이 있는 이는 반드시 그를 이해하고 도와줄 좋은 이웃이 있다는 뜻이다. 원래 「隣字」는 부방阝傍이 「隣」과 같이 왼쪽에 있어도, 「鄰」과 같이 오른쪽에 있어도 괜찮다. 왼쪽도 오른쪽도 다 이웃이 됨으로써일 게다.

이 이웃 「隣」자가 들어가서 된 상호商號가 또 하나 생각이 난다. 근 40년 전에 처음으로 서울에 와서 돈암동에 숙소를 정하고 지금의 을지로 5가에 있던 당시의 경성 사범학교엘 다닐 때의 일이다. 혜화동 쪽에서 종로 5가 거진 다 와서 동쪽에

「隣保館」이란 이발관이 있었다. 서울서 첫 이발을 한 것이 바로 그곳이고, 난생 처음 뒤로 젖혀져 누운 채 면도를 할 때 턱밑 줄기가 근실근실하여 자꾸만 킥킥 웃음이 나와 이발사를 당황케 했던 것도 그곳이다. 그때만 해도 여자 면도사는 볼 수가 없었고, 남자 이발사가 조발調髮이며 면도, 세발洗髮까지 다 하던 터였다. 지금 생각해 보면 그때 여자 면도사 한테 그런 시골티를 보이지 않았던 것이 천만 다행이었다고 혼자 고소苦笑를 짓기도 하는 것이다. 그 이발관은 다른 데보다 거의 반값으로 쌌다. 그리고 이발사도 좀 갤쭉한 얼굴에 짧게 깎은 둥그스름한 머리며, 안면의 피부가 좀 푸르게 내비치고, 눈꼬리가 몇 갈래로 째어져 아주 슬기롭게 뵈며, 목소리가 나직나직하고 말씨도 퍽 조리 있는 나이 지긋한 이와, 얼굴이 네모나고 상고머리에 키가 작달막하고 가슴이 딱 바라진 데다 뼈대가 우람하고 눈이 부리부리하며 목소리가 쾌활한 데다 곧잘 정열적인 언변을 토하는 30대의 젊은이의 모습이 잊혀지지 않는다. 그들이 주고받는 말씨는 속기俗氣가 전혀 없으며, 말단적 세설細屑한 그런 것이 아니라 인생이며 민족에 관한 아주 근원적이고도 굵직한 사실들이었다. 내 기억으론 해방이 될 때까지는 물론이고, 그 뒤로도 계속 거기서 이발을 했었는데, 그것이 언제 없어졌는지는 알 수가 없다. 나는 그곳이 요금이 헐한 것도 큰 이유였지만, 어쩐지 그들의 인품에 호감이 가 그렇게도 긴 동안 단골로 삼은 것이었을 게라고 연역演繹도 해 보는 것이다.

인보隣保란 이웃끼리 보호보전保護保全하며 살아가자는 지금의 이웃돕기 정신을 주축主軸으로 삼는 일종의 사회사업적 성격을 띤 단체라 여겨진다.

이러한 정신이 단적으로 나타났던 「隣保」나, 아까의 「有隣」이라는 것을 그냥 「인보」니 「유린」으로 고쳐 썼을 때, 거기서 어떠한 뜻, 어떠한 영상映像이 풍길 것인가. 그것은 위의 「구정」에서 시도했듯이 부질없는 시행착오의 맴돌이에 그칠 뿐이요, 일독필중一讀必中의 쾌거快擧와는 아주 거리가 먼 노력의 허실虛失만을 가져올 뿐이다. 그 「有隣」도 「隣保」도 지금은 자취를 찾을 수 없게 되었다.

동대문 밖 동덕 여고 근방에는 「宇利商會」라는 간판이 있었다. 「宇利」란 한문법漢文法대로 하면 우주宇宙가 이利롭게 된다는 뜻이다. 아마도 「利宇」의 도치倒置로, 우주를 이롭게 한다는 뜻으로 쓴 것이 아닌가 한다. 그것은 또 애당초 「우리」라는 우리의 고유어에 뜻이 좋은 한자를 갖다 맞추었는지도 모를 일이다. 가령 「우리 집」이라는, 누가 보아도 순수한 우리말 간판 「宇利集」이라고 표기한 예가 그런 것의 하나다. 여하튼 이것이 저간這間의 간판의 한글화로 지금은 「우리」상회로 되어버렸다. 우리는 이 「우리」에서는 새삼 「宇利」라는 한자 표기를 연결지을 필요가 없을 것이다. 그것은 우연일지 모르나 우리라는 것이 아주 특수한 경우 아니면 「우리의」라는 고유어

임이 상식이기 때문이다. 그러나 만약 그 상호의 발상發想이 아예 「宇」와 「利」로 되어 있다면, 그 「宇利」를 「우리」라고 한글로 표기한 것은 그 뜻을 아주 바꿔 놓은 결과를 가져온다. 그것은 「九鼎」을 「舊情」이나 「舊正」으로 생각하는 것과 꼭 마찬가지의 결과를 가져오기 때문이다.

서울 시청 남쪽 뒤골목에 「금선」다방이란 간판이 눈에 띄었다. 그 「금선」이란 뜻을 레지에게 물었으나 모른다고 했다. 마담도 모른다는 것이다. 그래 그들에게 이렇게 말했다.

「금선」이란 「거문고의 줄」이란 뜻으로 「琴線」이라 해도 좋고, 또 「錦繡江山의 神仙」이란 뜻으로 「錦仙」이라 해도 좋은데, 아마 전자보다는 후자가 더 인상적일지도 모르니 이제부터 누가 묻거들랑 「錦仙」이라 대답하라고. 그리고서 송宋 구양수歐陽脩가 취옹정기醉翁亭記에서 「이를 지은 이는 누구인가? 산山의 승僧 지선智僊이요, 이름을 붙인 이는 누구인가? 여릉廬陵 구양수歐陽脩라.」했듯이, 이 다방의 이름을 지은 이 따로 있을지나 그 뜻을 오늘 내가 붙여 주는 것이라고 하며 「錦仙」이라 써 주었더니, 그들은 내 뜻을 고맙게 받아들였다. 그러나 그 뒤 오랫동안 간 일이 없으므로 하회는 알 길이 없다.

호남 어느 곳에서 「연」다실이라 한글로 쓰고 그 밑에다 조그맣게 한자로 「鷰, 鳶, 蓮, 戀…」이라 써놓은 것을 본 일이 있다. 이것은 확실히 기발한 착상이다. 그러나 그 한자의 부서副書없이 「연」에서 그런 뜻들로, 아니면 그 중 어느 하나의 뜻으로 국한해서 쓴 것이라면 그만한 횡포橫暴는 없을 것이다.

이런 이야기가 있다. 조선조 어느 때 신 정승申政丞이란 이가 물러나고 구 정승具政丞이란 이가 새로 들어섰다. 이때 임금이 이제부터 자기가 부르는 데 따라 대답을 정확히 하도록 명령하고, 먼저 「신 정승」하니까 「申정승」이 「예!」하고 대답했다. 임금은 자기가 부른 것은 「申정승」이 아닌 「新政丞」이라고 했다. 그리고 이번에는 「구정승」하니까 「舊政丞」인 「申정승」이 「예!」하고 대답했다. 임금은 역정을 내면서 자기는 「具政丞」을 불렀다는 것이다. 그리고 다시 「신 정승」하니까 이번에는 둘이 다 「예」하고 합창을 하였다는 것이다. 이것은 같은 음音에서 일어나는 뜻의 혼동을 단적으로 지적하는 예화例話로, 이렇게 되면 의사소통이 불가능하게 될 것이다. 「연」다실의 「연」의 뜻 잡기도 마찬가지다.

이렇게 우리에게서 유서 깊고 분명한 뜻을 지녔던 상호가 스러져 감과 동시에, 표기된 상호의 뜻 잡기가 매우 모호하거나 전연 무슨 말인지 알 수 없는 경우도 많아졌다. 어느 나라고 그 뜻을 잡을 수 없게 표기된 간판을 걸어 놓는 데는 없을 것이다.

여기서 또 한 가지 생각나는 것이 있다. 서울 사대가 관악으로 이전하기 전 아직 용두동에 있을 시절, 모처럼 구내 다방을 연 일이 있었다. 목조 20평 남짓한 별채 건물에 동창회에서 테이블과 의자를 기증하여 열게 하고, 그 명칭을 학생들한테서 공모公募한 것이다. 「두레」라는 토속취가 풍기는 것을 비롯

해서 서구어, 한자어, 순 우리말 등 20여 개가 나왔다. 교무, 학생 양兩과장과 학생 간부가 무기명 투표를 거듭하여 최후로 선정된 것이 「다빈」이란 것이었다. 「다빈」! 어떻게 보면 서구어 같기도 한 이 아리숭한 말의 본체는 과연 무엇이란 말인가? 그것은 「차」와 「손」의 뜻인 「茶賓」인 것이다. 이것은 무슨 기유旣有의 숙어도 아닌 그야말로 완전히 새로 지어진 말이다. 더구나 그것은 일반적으로 풀이하기 쉬운 「茶의 賓」곧 「찻손님」이 아니라 「茶」와 「賓」이 동격인 말하자면 「茶·賓」인 것이다. 그러나 간판에 가운뎃점을 찍을 수도 없고 하여 그냥 「다빈」으로 한 것이다. 그런데 이것을 만약 「茶賓」이라 직설적으로 썼더라면 그 얼마나 딱딱한 인상을 풍겼을 것인가. 이 점 응모자는 이를 일부러 「다빈」이라 하여 부드럽게 둥글리고, 나아가서는 무슨 묘한 뜻이 스며 있는 듯, 신비로운 호기심마저 일으키게 하여 흥미와 관심을 끌게 하였던 것이리라. 그러나 만약 아무 주석도 없이 「다빈」이 「茶와 賓」이란 것을 알아차리라면 아무리 사지선다형식 고사법四肢選多型式考査法에 훈련이 잘 쌘 최우수 선수라도 답지答肢를 주지 않는 한 땅띔도 못할 것은 뻔한 일이다. 그리하여 그 간판 글씨를 쓴 나는 그 옆에 마치 무슨 낙관落款이라도 하듯 나뭇잎 하나를 그리고, 그 속에 「茶賓」두 글자를 자그마하게 써 넣어 의문풀이의 열쇠가 되게 했던 것이다. 그래서 그랬던지 그 명칭이 학생들에게 아주 친숙하게 먹혀 들어갔던 것이다.

김포공항의 한자 안내표지가 한글로 개서改書된다고 들었다. 그 경우 이것 아니면 저것이 아니라, 한글을 내세우고 그 밑에 자그마하게 한자를 부서副書할 순 없을까? 주체의식도 드러내고 뜻풀이도 가능하게, 이것은 「다빈」에서 얻은 지혜다.

(1977)

그렇게 서둘러서 어디로 가나

일본의 하코네箱根에는 '그렇게 서둘러서 어디로 가나?' 하는 표어가 에돌아가는 길 모퉁이에 큼직하게 붙어 있다. 분초分秒를 다투어 앞서 가려 안간힘을 쓰는 자동차 운전사를 대상으로 한 표어標語다. 그리 서둘러 보았댔자 다음 교통 신호에서 다시 만나기가 일쑤고, 그렇지 않으면 중앙선을 넘거나 옆으로 굴러 황천행黃泉行이 첩경捷徑이기로서이다.

세계 각 곳에서 그시 그시 일어나는 일을 바로 옆에서 일어난 일처럼 텔레비전 화면을 통해 볼 수 있고, 인터넷을 통해 모든 자료를 마음대로 검색檢索할 수 있는 편리가 제공된다. 그러나 말초신경末梢神經을 자극하는 면이 더 매력적 요인要因으로 세계에서 컴퓨터 보급률 상위권에 들고 있다는 것은 고등학생까지 휴대携帶하는 핸드폰의 보급률과 궤도軌道를 같이하는 의아疑訝스런 측면이라 하겠다.

텔레비전의 화면을 볼라치면 특히 광고의 경우 단 몇 초 사이에 허다한 영상映像이 스쳐 지나간다. 요새 젊은 세대들은 음악도 빠르고 어수선하며 소음연騷音然한 것을 선호하는 경향이 있다. 그래야 생동감을 느끼고, 조용하고 한갓지면 마치 무덤 속 같은 적막감을 느끼나 보다.

그러나 동動과 정靜의 엇바뀜이 맥박을 이루어 생명을 유지하듯 그리 어수선하고 요란하게 스치는 순간, 단 몇 초라도 화면이 멈춰 구름 사이로 달빛이 한갓지게 만물의 경상景象을 비치는 정경에 마음을 씻는 귀함을 놓치지 않는 심서心緖가 필요하다.

때로는 특출한 바탕을 타고나 일찍 개화開花하고 열매 맺는 이가 없지 않지만, 대개 20년은 자라야 사람이 성인成人으로서 제 구실을 하게 되어 있다. 제아무리 모든 것이 과학화한 초고속超高速 시대라 하더라도 하나의 인간이 되기까지에 그만큼 시간이 걸린다는 것은, 그 기간에 사람으로서의 기초 다짐을 하고 수련修練을 쌓게 하기 위해서다.

사람이 어느 나라의 말을 배운다는 것이 결코 쉽지 않다는 것은 英語나 프랑스어, 중국어, 일본어 같은 것을 자유자재롭게 사용하려면 그 고생이 이만저만 아님을 보아서도 알 수 있다. 그런데 자국어自國語는 극단적인 경우를 제외하고는 지능지수知能指數에 관계없이 3, 4세면 자연스럽게 배워 문명국에서는 초등학교에 들어가는 학령기學齡期까지 6,000 단어는 귀로 들어 배워 자유자재로 구사驅使할 수 있게 된다는 것은 언어학자들의 공통된 주장이다. 학교에서는 그것을 문자文字로 익히면서 분야별分野別로 전문적으로 쓰는 말을 배운다. 그러한 전문 용어는 대개 포괄적이고 축약력縮約力이 강한 한자漢字 2, 3음절音節에 그 개념槪念을 포괄적包括的으로 담은 한자어漢字語로 되어 있다. 따라서 그것을 배우려면 그것에 쓰인 한자漢字의 훈訓과 음音을 익히면 쉽게 뜻을 이해할 수 있다. 그리고 漢字를 배우는 데 가장 적절한 시기가 바로 유치원에서 초등학교 재학 기간인 학령기인 것이다.

1970년 한글 전용專用 교육 실시를 경계선으로 漢字 인지력認知力이 판이하게 뒤처져 한글로 된 교과서의 문장을 읽고도 정확한 뜻을 모르는 것은 초등학교 기간에 漢字를 국어 교과서에 넣어 가르치지 않았기 때문이다. 그리고 지적知的 요소가 성숙된 대학 시절에 한자漢字를 익히려도 능률이 크게 안 오르며, 졸업 후 직장에서 실제의 필요에서 한자를 익히려 해도 쉽사리 깨치지 못하는 것은 다 漢字 학습의 적기適期를 놓쳤기 때문이다.

요새 컴퓨터에서 한글만으로 치면 漢字를 섞는 것보다 시간이 훨씬 절약되기 때문에 한글 문면으로 처리하는 경향이 있다. 우리가 글을 쓸 때에는 자기도 남도 판독判讀을 쉽게 할 수 있게 해야 한다. 그러면 문면文面의 시각화視覺化가 필요하다. 로마자를 쓰는 서구 사람들이 수數를 표시할 때 로마자에 아라비아 숫자數字를 섞어 쓰고, 고딕이나 이탤릭을 섞는 까닭이 바로 문면의 시각 때문이다.

우리의 조상들은 1443년에 훈민정음訓民正音이 발명되기 이전에는 漢字로 일상 문자 생활을 해 왔다. 漢字로 중국 문화를 흡수 소화하고, 우리의 전통문화를 형성해 허다한 문헌文獻을 남겼다. 그리하여 오늘날 국어사전 수록 어휘語彙의 70%가 漢字語로 되어 있다. 그리고 용비어천가龍飛御天歌 제2장처럼 한글만으로 쓸 수 있는 글도 있지만, 대개는 漢字語가 문장의 뼈대 구실 곧 중심어구中心語句를 이룬다. 그러나 漢字語로 된 중심 어구나 인명人名 지명地名 같은 고유명사, 그리고 전문 용어를 漢字로 기록하면 문면의 시각화에 큰 도움이 된다. 한글 전용이 지닌 단점은 뜻 구분이 안 되고, 시각적으로 호소력呼訴力이 약한데, 특히 간판看板이나 도로 표지標識에 필요한 漢字를 병기併記하면 뜻 이해가 단적端的으로 되고, 漢字 문화권 내방객來訪客들에게 눈을 붙여 주는 구실이 될 것이다.

예전 사람들은 우리말을 한문漢文으로 축약 포괄시켜 일일이 붓으로 썼는데도 지금 세계적으로 명성을 날리고 있는 원효元曉의 대승기신론소大乘起信論疏라든가 퇴계나 율곡의 문집, 18년간 강진康津에서 귀양살이하면서 여유당전서與猶堂全書의 실학적實學的 대부서를 쓴 다산茶山 정약용丁若鏞 같은 선현先賢들이 있지 아니한가.

개념이 축약된 전문 용어를 풀어서 양만 부푸하게 해설식으로 쓴 글은 무슨 선전 쪽지 모양으로 그 이상도 이하도 아닌 실효성 위주의 글은 한번 보면 다시 볼 매력을 느끼지 않는다. 일일이 말로 표현하지 않아도 될 부분은 미루어서 생각하도록 행간行間을 비워 놓는 글이어야 20대, 50대, 70대로 경험과 학식이 축적될수록 새로운 해석과 보물들을 캐듯 새로운 것을 발견할 수 있고, 그리하여 두고두고 보배롭게 간직하고 읽을 수 있는 매력을 느낄 것이다.

그러한 당쳐지고 시각적인 글을 위해 필요한 한자漢字를 넣는 데 시간이 좀 걸린다 하더라도 읽는 이의 불편을 덜어 주고 대각선對角線 읽기까지 할 수 있게 해 준다면 얼마나 좋겠는가. 제작은 순간이요 활용은 영원이니, 제작의 편리로 영원한 불편을 주는 것은 결코 슬기롭지 못한 일이며, 단연코 신사紳士 숙녀淑女의 길에서 버스러지는 일이다.

빠른 것이 능사能事가 아니라는 것을 속도 시대에 생각해 본 것이다.

(1998)

기다림

구라파나 남미에서도 그랬거니와 특히 미국에서는 어디서나 줄을 서서 기다리는 모습을 볼 수 있다.

버스나 기차를 탈 때는 물론, 관광하는 곳, 극장, 백화점, 식당 할 것 없이 사람이 둘 이상만 모이면 줄을 서는 것이 생리화돼 있다.

하와이의 진주만이나 뉴욕의 자유의 여신상을 관람하려면 배를 타고 건너가야 하는데, 매일같이 붐비는 세계 각처에서 모여든 관광객들이 자기 나라에서의 나름대로의 습관은 다 팽개치고, 이 느럭느럭한 대열에 끼여 한마디 불평도 없이 기다려야 하는 것이다. 누구 하나 눈을 부라리고 소리를 지르지 않는데도 우리 찾아 들어가는 양떼들처럼 줄을 서서 기다린다.

관광의 인파가 많기는 백악관白堊館 앞이 제일이라 하겠다. 여기서는 아예 그룹 순서 쪽지를 나누어 준다. 그 쪽지를 타가지고 다른 데 가서 볼일 보고 시간을 맞춰 오면 된다. 비가 오나 볕이 쬐나 관광 인파가 끊이지 않는 이곳에는 아예 운동경기장의 관람석처럼 스탠드를 마련해 놓고 천막 천으로 지붕도 씌워 놓았다. 그런데 우리처럼 시간을 쪼개어 다른 데를 갔다 오는 사람도 있지만, 대다수의 사람들은 아예 아이스크림이며 빵 같은 것을 사다 놓고 자리를 차례로 옮겨 가며 마냥 기다린다.

백화점百貨店에서 물건값을 치를 때에도 계산대 앞에 죽 늘어서서 질서 정연하게 순서를 기다린다. 물건에 대한 것을 물을 때에도 먼저 손님과의 이야기가 끝나는 것을 기다려서 해야지, 이야기 중에 끼어들면 아예 상대도 하지 않는다. 따라서 아무리 급해도 기다려야 한다. 기다릴 시간이 없으면 다른 곳으로 가든지, 포기할 수밖에 없는 것이다.

식당食堂에서는 더욱 엄격하다. 빈 자리가 있어도 입구入口에서 안내案內를 기다려야 한다. 앞에서 기다리는 사람이 없다고 성큼성큼 자리를 찾아 들어가 찾으려 하면 일단 다시 입구 쪽으로 나가 달라고 점잖게 권유를 받는다. 좌석에 앉아서도 주문을 받으러 올 때까지 기다려야 한다. 소리를 지르거나 손뼉을 쳐 부르는 것은 더구나 안 되고, 손짓을 해도 안 된다. 그냥 앉아서 처분만 기다려야 한다. 주문한 뒤에 음식이 늦게 나와도 독촉督促을 해서는 안 된다. 대개 그런 일은 없지만, 만약 자기보다 늦게 들어온 사람한테 음식이 먼저 나와도 화를 내거나 따지고 들어서는 안 된다. 이만큼의 기다릴 시간이나 마음의 여유가 없는 사람은 근본적으로 식당에 들어갈 자격이 없는 사람이다. 시간이 없거나 성미가 급한 사람은 우유나 빵, 통조림 같은 기성식품을 사다가 편리한 데서 먹는 것이 좋을 것이다.

줄을 서서 기다리는 이들의 생활습성生活習性은 서로 같은 처지에 있는 사람들끼리 나와 같이 남도 존중해야 한다는, 아니 남을 존중해야 나도 남에게 존중을 받을 수 있다는 개척 당시부터 몸에 밴 질서라겠다.

따라서 그들은 혹 앞에서 줄에 끼어드는 사람이 있으면, 그들 독특한 제스처로 어깨를 한번 들썩 추켜올릴 뿐 더 이상 얼굴을 붉히거나 큰 소리를 치질 않는다. 화를 내지 않아도, 큰 소리를 치지 않아도 벌써 다른 모든 사람에게 그가 인격人格이 모자라는 사람이란 것이 충분히 평가되었기 때문이다.

그들은 서로 공평公平하게 잘 살기 위하여 권력도 완력도 힘을 쓰지 못하게 하는 전통을 이룩해 놓은 것이다.

날씨가 더우면 특히 여자들은 유방乳房에서 발목 근처까지 가리는 스커트만 걸치고, 맨발에 슬리퍼를 끌고 다니며, 남자들도 특수한 직장이나 의식 때가 아니면 넥타이 같은 거추장스런 것은 매지 않고 생긴대로의 간편簡便한 옷을 걸치고 다니는 그들에게 세계를 이끌어 나아가는 저력底力이 있다는 것은 물론 무진장한 부존자원賦存資源과 막대한 생산력生産力 때문이기도 하지만, 줄을 서고 기다리는 사회풍조가 큰 몫을 차지하고 있다고 하겠다.

줄을 서는 것은 질서秩序를 의미하며, 기다리는 것은 인내력忍耐力을 뜻한다. 줄을 서는 것은 서로 앞질러 혼잡을 이루는 것보다 얼마나 신속하고 순조롭게 일이 처리되며, 기다리는 것은 서두르는 것보다 얼마나 모든 일을 무게 있고 튼튼하게 해결하는 길인가.

나는 미국의 수도首都 워싱턴 시가지의 중심 표적標的으로 되어 있는 182미터의 하얀 워싱턴 기념비가 50년이나 걸려서 건립되었다는 이야기와 미국 국회의사당 돔 밑 둘레의 대리석 조각彫刻이 이태리 사람에 의해 25년이나 걸려 완성됐다는 설명을 듣고, 이들의 기다림에서 우러난 참을성이 얼마나 위대한가를 실감했다.

지은 지 몇 해 안 돼 금이 가거나 심지어는 짓다가 허물어지는 우리 형편에 비해 보면, 이들은 얼마나 모든 것을 충분한 시간을 두고 설계設計하고 진행하여 수백 년이 지나도, 끄떡없게 하는가.

기다림의 미덕은 참을성과 튼튼이라 하겠다.

(1980)

뱁새의 황새걸음

분수에 맞게 살아야 한다는 말이 있다. 욕심을 부리지 말고 제형편에 걸맞게 살아야 한다는 말이다. 이것은 개인이나 가정, 사회, 국가 나아가서는 전인류에게도 다 통하는 말이다.

사람은 태어날 때부터 수부귀壽富貴의 분한分限을 받아 가지고 나온다. 그러기에 진시황이 아무리 장생불사長生不死하려 갖은 애를 다 썼어도 50을 넘기지 못했다. 한편 아무리 좋은 분복分福을 타고 났어도 애써 노력하지 않으면 아퀴도 트지 않고 그냥 사라져 버리게 된다. 그러면 어떻게 타고 난 분복을 헤아릴 수 있을 것인가. 남에게 억울함을 끼치지 않고 손가락질 받지 않으면서 누릴 수 있는 수부귀는 곧 그가 지니고 타고 난 분복이라 하겠다.

우리 민족은 수많은 외침外侵과 내우內憂의 역경을 겪어왔다. 그 중에서도 일제日帝 36년간의 식민지 생활은 우리 역사에서 달리는 찾아볼 수 없었던 최대의 민족 수난受難이었다.

선열先烈과 우방의 힘으로 주권主權을 되찾은 8·15 직후와 그 5년 뒤에 일어난 6·25 동란기의 우리의 생활을 돌이켜보자.

양복은 대개가 중고품을 사다가 그대로 입든지 고쳐서 입었다. 모처럼 별러서 새로 마련한 것이라도 낡게 되면 뒤집어 지어서 입기가 일쑤였다. 당시 웃호주머니가 오른쪽에 달린 것은 그렇게 다 헌다한 신사들도 재봉틀로 몇 번씩 누벼 입었던 것이다. 운동화도 고무신도, 구두도 다 볼을 받아 기워 신고, 창갈이도 몇 번씩 했던 것이다. 그러면서도 누구 하나 부끄럽게 여기지 않았었다.

그러나 그로부터 30년, 세태는 몹시도 변했다. 농촌은 몰라도 도시에서는 영국식으로 처음부터 양복의 팔꿈치나 무릎, 엉덩이에 예비별로 가죽이나 헝겊을 덧대고 박은 것이 그것도 하나의 멋으로서 눈에 띌 뿐, 옷은 기워 입는다는 것은 연극이나 영화 장면에서도 볼 수 있게 되었다. 신을 기워 신는다는 것도 마찬가지다.

내가 아는 사람 하나는 살림이 몇 번 엎치락뒤치락 하다가 이제 겨우 밥이나 먹게 되었는데, 정초에는 자녀들에게 양단이며 공단으로 질질 흐르게 한복을 해 입혔다. 집에서의 일상복도 늘 반반했었다. 그렇게 해 가지고는 다시 일기가 어렵겠다고 우리 내외는 혀를 찬 일이 있다. 1년 내내 마음을 짓눌렀던 가난기를 이런 때에 한번 뒤집어 보이겠다는 안간힘에서일지 모르겠으나 뱁새가 황새걸음을 따라가려는 분수를 모르는 부질없는 행동이다. '요번만, 이것쯤이야'하는 마음이 쌓여 시루밑이 통째로 빠져 버린다는 것을 명심해야 한다.

요새 엽차葉茶 문제와 찻값 자율화 문제로 다방이 화제에 오르고 있다. 그런데 다방이 우리나라처럼 많은 나라도 세계에 없다. 구미歐美 각국 어디를 가도 가벼운 식사와 음료수를 겸하고 있지, 우리처럼 전문으로 다루는 데는 거의 보지를 못했다. 우리나라에 다방이 뿌리를 내리기 시작한 것은 1·4후퇴 후 부산 피난시절부터라고 생각된다. 이남 이북 할 것 없이 모두 다 고향을 잃은 사람들이 향수鄕愁도 달래고 생계 걱정을 할 겸 모이는 데가 다방이었다. 그것이 환도還都 후에는 아주 본격화해서 시민 생활의 필수시설처럼 돼 버리고 말았던 것이다. 사무실이나 집을 이용하지 않고 다방이나 음식점에서 사람을 만나는 것도 우리나라의 특이한 풍조라 하겠다.

예식장이란 것도 다른 나라에서는 볼 수 없는 우리만의 독특한 시설이다. 게다가 혼수婚需가 너무 도를 넘어 장성한 자녀를 둔 부모들의 걱정거리로 등장했고, 무시로 날아드는 각종 청첩도 가계家計에 영향을 주고 있다.

외화내빈外華內貧이란 말이 있다. 당장 있을 곳, 먹을 것은 쪼들려도 차리고 나서는 의복은 번드르르해야 통하는 사회 기풍은 의복이 날개라는 속담을 낳기까지 했거니와 이런 기풍이 그대로 행세하는 사회라면 그야말로 속이 비었다고 하겠다.

내가, 우리가 해야 할, 할 수 있는 일이 무엇인가를 잘 헤아려 분수에 넘치지 않는 행위와 분수에 맞는 생활을 할 때, 남을 원망하지 않는 건전하고 명랑明朗한 사회가 될 것이다.

(1981)

地釘 다지기

우리 고향에서는 집을 짓기 전에 터를 단단하게 다지는 일을 '지경 닺는다'고 했다. 드럼통 5분의 1 크기쯤 되는 넓죽스름한 돌에 여러 가닥의 동아줄을 얽이얽이 매고, 기운 센 장정 6, 7명이 달려들어 동아줄 끝을 한 가닥씩 잡고 '에이 여러 지경이요'를 소리 높이 외치면 힘을 합쳐 지경돌을 가슴노리까지 들어 올렸다가 쾅하고 내려친다.

'에이 여러'하면서 추켜올렸다가 '지경이요'에서 내리치곤 하는 것이다. 쉬는 사이에는 목청 좋고, 관록 있는 사람이 덕담德談 섞인 내용으로 메기는 메김소리는 몹시도 푸근하고 운치가 있다. 이렇게 정성들여 터를 다져야 집이 쏠리지도 않고 자손이 창성하며 복록福祿을 누릴 수 있다는 것이다.

이 '지경'을 국어사전에 보면 '지정地釘'으로 돼 있다. 집을 지을 때 바닥이 단단해지도록 땅 속으로 박는 통나무 토막이나 콘크리트 기둥이란 뜻이나 돌이나 나무토막을 내리쳐 바닥을 다지는 뜻으로도 쓰인다고 했다. '지정'이 '지경'으로 변한 것은 '기름'이 '지름'으로 되는 것의 역현상으로 '점심'을 '겸심'이라 하는 예와 같은 것이다.

어떻든 무슨 일이든 기초를 단단히 다져 놓아야 제대로 되고 영구성永久性도 있게 마련이다.

나는 이번 여름에 유럽으로 해서 일본을 돌아왔다. 서독은 한 치의 땅도 놀리지 않고 주택이며 산림山林이 질서정연한 데 감탄했다. 동경에서는 정치학을 전공한다는 재일동포 여자 안내원의 이야기에 다시 한번 우리 스스로를 되살피기도 했다. 안내원의 이야기다. 언필칭言必稱, 한국이 일본을 앞선다는 보도나 글을 접한 NHK에서 그 실상을 파악하려 현지에 보낸 시찰단의 보고는 이러했단다. 첫째로 잿더미에서 일어나 윙윙 돌아가는 활기찬 산업실태에 놀랐고, 둘째로 막대한 국방비를 부담하면서도 이만큼 발전했으니 그것이 줄어들 때에는 얼마나 눈부시게 발전할 것이냐에 위구심危懼心마저 들었는데, 셋째로 대부분의 기계시설이 일본제임을 보고 적이 마음이 놓였으며, 끝으로 모든 부면에서 '괜찮아'하는 것을 보고는 이것이 있는 한 한국은 절대로 일본을 앞지르지 못한다는 결론을 내렸다는 것이다.

어떻게 보면 관용성에도 통하는 듯한 이 '괜찮다'식 사고思

考는 끝까지 털끝만한 흠도 없게 하려는 일본 기술자를 당해낼 도리가 없을 것이라는 판단이다. 동경 동쪽에는 세계에서 세 번째로 드림랜드를 미국 LA의 디즈니랜드의 특허를 사다가 일본 기술진으로 시공을 했는데, 점검 차 나온 망치를 든 미국인 기술자가 어느 구석하나 흠이 있거나 허술한 데가 있는 것을 발견치 못하고 재탄 삼탄하였다는 것이다.

우리 공사工事나 제품에는 참으로 너무나 허술한 데가 많다. 그 안내원의 말대로 1백% 완벽 주위로 나가지 않고서는 세계에 설 수가 없는 것이다. 이 1백% 완벽주의는 어디서 이룩될 것인가. 가정에서 학교에서 사회에서 기성인들이 시범을 보여 자라가는 2세들에게 체질화體質化하여야 한다. 그 중에서도 가장 의도적으로 교육을 행하는 학교에서 기본적인 책임을 져야 한다.

우리 선인先人들은 초등 교육의 기초를 '쇄소응대진퇴지절灑掃應對進退之節에서 닦았다. 물 뿌리고 쓸며 대답을 분명히 하고 어른 앞에 조신하게 나아갔다가 두세 걸음 물러서서 뒤로 돌아 원자리로 돌아오는 절차에서 익히게 한 것이다. 그리고 먼저 사람 됨됨이[德]를 닦고, 몸을 튼튼히 한[體], 다음에 지혜[智]를 익혀야 한다고 했다. 그런데 갑오경장甲午更張 뒤에 들어온 서구식西歐式 학교 교육에서는 지를 덕에 앞세웠고 60년대 이후에는 사지선다형 평가 방식의 만연으로 착실한 기초 다짐보다도 요령 위주로 점수만 올리는 요행주의적僥倖主義的

풍토를 조성했다.

수학數學을 차근차근 푸는 것보다 답을 외는 게 빠르다는 사고방식은 공장工場폐수의 정화 장치 가동 비용보다 벌금이 더 싸다는 사고방식과 일맥상통하는 바가 있다. 한자를 하나하나 익히는 것이 번거롭고 어렵다 하여 한글만으로 공부를 하겠다는 것도 기초보다도 결과를 서두르는 병폐다.

교육한자 1천 8백자를 익혀 놓으면 자동적으로 이해가 가능한 수만의 어휘를 일일이 학습시킨다는 것은 얼마나 비능률적인 일인가. 오늘의 교육이 규정 외의 시간까지 써가면서 해도 큰 실효를 올리지 못하는 원인이 바로 기초를 무시한 데서 오는 결과다.

품이 들고 답답해도 지경을 다지듯 차근차근 기초를 다져 나아갈 때 교육도 산업도 눈부시게 효율을 올릴 것이다.

(1986)

麻三斤

중국 唐나라 말기에 덕산 선감선사德山宣鑑禪師라는 고승高僧이 있었는데, 그 제자에 설봉 의존雪峰義存이란 이가 있고, 또 그 제자에 현사 사비玄沙師備란 이와 운문 문언雲門文偃이란 이가 있었다. 어느 때 설봉雪峰이 이르기를 "이 세상에는 물가에 있으면서도 목말라 하고, 곡간에 들어가 있으면서도 주려 죽는 이가 있다."고 했다. 진리眞理가 몸 가까이 있어도 알지 못함을 비유한 말이다. 그 말을 들은 현사玄沙는 "밥에 묻혀 죽는 이도 있고 물에 잠겨 죽는 이도 있다"고 했다. 진리 속에서 진리인 줄 모르고 자기를 찾지 못함을 뜻함이다. 이를 듣고 운문雲門은 "통신시반通身是飯이요, 통신시수通身是水라"고 했다. 몸 전체가 진리와 합일한 상태를 말한 것이다.

이는 깨달음에로의 단계를 비유적으로 나타낸 예화로 우리에게도 참고가 되는 바 있다.

한편 동산洞山 수초守初라는 스님에게 농사일을 열심히 하는 스님 하나가 "부처란 무엇입니까?"하고 물었다. 동산洞山은 거두절미하고 "마삼근麻三斤"이라고 대답했다.

얼핏 무슨 소리인지 모를 그 속에 진리가 곁들여 있는 것이다. 삼농사를 지을 때 기울이는 성심성의, 그러한 일념一念이 곧 부처의 경지라는 뜻이다. 어느 일에 아무 잡념 없이 몰두해 있을 때 그 모습은 참으로 거룩한 법이니 그것이 곧 부처의 경지가 아니고 무엇이겠느냐는 뜻이다.

인도印度에서 세 사람의 석공이 열심히 돌을 쪼고 있었다.

석공 일一에게 "당신은 지금 무엇을 하고 있나?"하고 물었다.

"네, 보시다시피 돌을 다듬고 있습니다"하고 대답했다. 이어 석공 이二에게 물으니 "지금 돈벌이를 하고 있습니다"라고 했다. 끝으로 석공 삼三에게 물었다. 그는 엄숙한 표정으로 이렇게 대답했다. "저는 지금 후세에 길이 남길 위대한 예술품藝術品을 빚고 있습니다." 앞 두 삶에 비해 얼마나 보람에 찬, 거룩한 대답인가.

세상에는 여러 가지 능력을 아울러 갖춘 사람도 있고, 별 특이한 재주가 없는 사람도 있다. 그러나 왕왕 재주가 많은 사람은 이일 저일 손대보다가 한 가지도 유종有終의 미美를 거두지 못하는 예가 있는가 하면, 별로 재주도 없는 사람이 한

가지 일을 꾸준히 하여 대성하는 예도 있다. 힘을 흩는 천재보다는 한 일에 힘을 집중시키는 것이 백배 낫다는 것을 실증함이다.

그러나 한 사람의 천재는 수백의 범재凡才가 해내지 못할 위대한 일을 한다. 따라서 천재로 하여금 그 자질을 충분히 발휘할 수 있게 하는 뒷받침과 풍토를 조성해 줄 필요가 있다. 영재英才교육이 그 한 예다. 그리고 가령 가장 우수한 두뇌가 많이 모이는 대학이나 연구기관 같은 데에 대한 집중 투자는 국가 발전의 원동력을 가장 효율적으로 제고提高시키는 길이라 하겠다.

우리는 얼마 전에 어느 일간지가 세계 6대 선진국 초·중등학생들의 수학과 과학과목의 학력 비교에서 일본이 최상위에 올라가 있고, 미국이 최하위에 처져 있다는 보도를 본 일이 있다. 실제에서 부진해 가는 미국美國교육의 이론의 테두리를 벗어나, 독자의 방법을 고수하여 최고의 수준을 이룩하고 있는 지혜를 배울 필요가 있다.

우리의 경우 특히 시급히 개정돼야 할 것은 이해력理解力과 비판력批判力, 창의력創意力을 막는 이른바 사지택일식四肢擇一式의 획일적 평가방법이요, 지력知力의 기초가 가장 왕성하게 형성되는 초등학교 전 과정을 한글로만 교육하는 일이다. 선택식 학력평가와 한자 소외疎外 교육은 지력知力은 물론 작문력의 저하와 독서부재의 풍조를 자아내고 있어 국민교육에 일대 경종을 울리고 있다.

이러한 기본적이면서 중대한 문제는 응당 교육개혁심의회 같은 기구에서 최우선적으로 다룰 과제인데 특히 한자문제같이 교육의 질을 좌지우지左之右之하는 문제가 이제껏 공적으로 거론되지 않는 까닭은 무엇일까.

일본의 독서율이 높고, 산업 특히 전자산업의 눈부신 발전은 한자학습 과정에서 닦여진 추리력推理力과 분석 종합력에 기인한다는 것은 그들 스스로가 역력히 시인하는 바이거늘, 그들보다 바탕이 우수한 우리 2세들에게 어려서부터 한자를 안 가르침으로써 낙후落後의 길을 걷게 하는 까닭은 무엇인가.

교육은, 기초를 탄탄하게 다질 때 능률이 올라가는데, 한자학습은 곧 가장 중요한 학습의 기초인 것이다.

마삼근麻三斤과 석공 삼石工 三의 지혜를 살려 우리 교육을 활성화시켜야겠다.

(1976)

사투리가 빚어낸 誤解

글씨와 말씨

號辨

담배 이야기

순간瞬間

사투리가 빚어낸 誤解

6·25 때 어느 유명한 국사학자 한 분이 제주도로 피난을 갔다. 겨우 어느 집 바깥채를 얻어 자리를 잡았다. 바로 그날 밤, 어떤 사람이 밖에서 자기의 장성한 딸 이름을 불러대지 않는가.

"이숙아, 이숙아" 아직 아무도 딸의 이름이 이숙인 줄을 알 리가 없는데, 이상한 일이었다. 그러나 딸의 이름을 계속해서 더욱 크게 부르고 있었다. 꼭 놀리는 것만 같이 들렸다. 갑자기 울화가 치밀어 방문 밖에 있는 작대기를 집어 들고 뛰쳐나가며 "어느 놈이냐"고 호통을 쳤다. 부르던 사람은 꽁무니가 빠지게 달아나 버렸다.

다음날 먼저 와서 자리 잡고 있는 친구를 만나 그 해괴하고 어정쩡한 사실을 이야기했다. 그 순간 그 친구는 무릎을 치며

큰소리로 웃지 않는가. 그는 더욱 영문을 모르게 되었다. 제주도에서는 남의 집을 방문할 때, "계십니까" 대신 "이수까, 이수까 한다."고 하는 것이다. 그 소리를 듣자 모든 궁금증이 다 풀리고, 쫓겨 간 그 사람에게도 미안한 마음이 들었다.

부산 피난 시절 이야기다. 초등학교 어린이에게 "너 지금 어디 가니?"하고 물었더니, "학교 가지 않능기요?"하고 반문하듯이 퉁명스럽게 대답했다. 순간 불쾌감이 스쳤다.

그러나 지내고 보니 "학교 갑니다." 해야 할 것을 그렇게 표현하는 것이 습관으로 되어 있을 뿐, 반항의식 같은 것은 있지 않다는 것을 알게 되었다.

일제 암흑기에 경남 함안咸安이 고향인 학생 하나가 경성대학 예과에 합격이 되어 서울로 올라와 하숙을 했다. 말씨가 너무 달라 선불리 말을 붙이기도 조심스러워 대개는 눈짓으로 의사소통을 해 넘기곤 했었다.

그러던 어느 날 빨랫감을 내놓으면서 주인 아낙네에게 "이 서답 좀 빨아 주이소" 했다. 그 순간 그 젊은 아낙네는 얼굴이 홍당무가 되어 어쩔 줄을 몰라했다. 경상도에서는 빨래란 뜻으로 쓰이는 서답이 서울에서는 월경대月經帶를 가리키니, 그 때만 해도 수줍음을 잘 타는 젊은 부인이 그렇게 얼굴을 붉힐 수밖에 없었던 것이다.

어느 서울 색시가 함경도로 시집을 갔다. 워낙 추워 안방과 부엌, 외양간이 한 공간에 연속돼 있는 부엌에서 새 며느리가 조반을 짓고 있었다. 그 때 마침 그동안 먼데로 출타出他했던 시삼촌이 놀러왔다. 그래 첫 상면相面을 할 계제에 이르렀다.

"아가야, 시삼촌이 오셨으니 소리하라"고 시어머니가 말했다. 며느리는 응당 방으로 올라가 큰절로 첫인사를 드려야 할 터인데 소리를 하라니. 아마 이곳 풍속은 처음 뵙는 웃어른께는 절 대신 소리를 하나 보다 하는 생각이 들었다. 그래 한껏 부끄러움을 머금고 부지깽이로 아궁이 밑을 두드려 장단을 맞추면서 들릴락 말락한 나지막한 목소리로 '신고산이 우르릉 함흥치 떠나는 소리에…' 식으로 소리(유행가)를 했다. 그러나 함경도에서는 '인사드리라'가 '소리하라'였다.

그런데 시어머니와 시삼촌은 새 며느리가 응당 드려야 할 절을 하지 않고 저렇게 노래를 하니, 아마 서울 풍속은 저런가 보다 하고 그냥 넘어갔더란다.

충청도 이남에서는 애쓴다는 인사를 '욕보십니다'라고 한다. 그 말은 상대가 남녀 누구인가를 막론하고 그렇게 쓴다. 때문에 젊은 여자에게도 마찬가지로 쓸 수밖에 없는 것이다.

그런데 이 말은 서울이나 경기도, 곧 표준어권에서는 전연 다른 뜻으로 쓰인다. 특히 여자의 경우에는 능욕凌辱을 당했다는 뜻이 된다. 그러므로 '욕보십니다'라는 말은 "지금 능욕을 당하고 계십니다." 가 되고, 특히 '욕보십시오'는 '장차 능욕을 당하십시오'가 되어 모욕적이고 불쾌하게 들리는 말이다.

이것들은 말이 다른 데서 빚어지는 오해誤解와 불쾌감의 몇 가지 실례이다.

우리는 단일 민족으로 단일한 말을 쓰고 있다고 한다. 그런데 지역에 따라서는 뜻이 다르게 쓰이거나, '부엌'을 경상도에서 '정지'라 하듯, 말이 다르게 표현되는 경우도 있다. 뜻이 다르거나 말 모양이 다르게 쓰일 경우는 서로 대조표對照表를 만들어 익히면 쉽게 고칠 수 있는 일이다.

이러한 단어 외에 어법語法이 다를 경우가 있다. "학교 갑니다."를 "학교 가지 않능기오."하는 것도 그 중의 하나이지만, 가령 "떨어지지 않는다." 또는 "안 떨어진다."를 함경도에서는 "떨어 안진다."라고 표현한다. 그러나 이러한 어휘語彙나 어법은 글자로 써 놓고 구분해서 익힐 수 있으므로 비교적 쉽게 고칠 수 있다.

어려운 것은 발음이다. 경상도에서는 "닭이, 흙이"를 [달기, 흘기]로 내지 않고 [다리, 흐리]로 틀리게 내며, '우리들도, 나에게, 방법'의 '도, 게, 법'을 각각 [또, 께]이라고 잘못 내고 있다. 이들 발음도 바르게 적어서 구분해 익히면 된다.

표준어의 억양抑揚은 대체로 평탄조平坦調인데, 경상도는 말머리를 높고 강하게 내고, 중간 중간 그것을 되풀이하는 경향이 있다. 표준어 규정에 교양敎養 조건을 강조한 것은 자기의 개성과 습관을 죽이고 새잡이로 배워 나가는 데는 겸허와 인내력이 필요하기 때문이기도 하다.

(1991)

글씨와 말씨

사람의 됨됨이를 헤아려 뽑을 때 예로부터 네 가지 기준基準을 내세웠다. 신언서판身言書判이 그것이다. 몸의 생김새나 허우대가 끼끗하고 틀거지 있게 생겨야 하며, 말은 분명分明하고 바르게 해야 하고, 글씨는 또박또박 힘차고 품위品位가 있어야 하며, 판단判斷함에서는 글의 흐름이 나긋하고 뛰어나야 한다는 것이다.

이 네 가지 가운데, 글씨와 말씨가 포함되어 있다는 것은 주목注目할 일이다. 설령 생김새가 별로 보잘것이 없어도, 글씨를 잘 쓰거나 목소리가 우렁차고 품위 있는 말씨를 쓰면, 단연 주위周圍의 주목을 끌게 된다.

우리말에는 '씨'를 접미사接尾辭로 삼은 단어들이 꽤 있다. 글씨, 말씨를 비롯하여 마음씨, 솜씨가 그것이다.

얼굴은 얽죽얽죽 감사납게 생겼어도 마음씨만은 그만이라 할 경우, 그 마음씨란 무엇일까? 국어사전辭典을 들춰 보면 '마음을 쓰는 태도'라고 나와 있다. 타고난 마음의 바탕을 마음성性이라 하고, 마음의 본바탕을 마음밭[田] 또는 마음자리[心地]라고 하는데, 이들은 마음이 제자리를 차지하고 있는 본모습, 곧 정태靜態에 해당하는 것이다. 이에 비해 마음을 어떻게 쓰느냐 하는 쓰임새, 곧 동태動態에 해당하는 것이 마음씨다.

솜씨라는 말이 있다. 이것은 '손+씨'인데 그것이 어떻게 '솜씨'로 변했을까? 옛말에서 씨를 ᄡᅵ라고 적은 것은 입술을 닫은 상태에서 씨 발음을 했기 때문에 된ㅂ을 했다. 그런 흔적은 '볍씨, 좁씨, 핍씨'에서 볼 수 있다. '벼+씨, 조+씨, 피+씨'면 '벼씨, 조씨, 피씨'밖에 안될 것인데, '볍씨, 좁씨, 핍씨'라고 적는 것은 本是 '벼ᄡᅵ, 조ᄡᅵ, 피ᄡᅵ'라고 적었었기 때문에 ᄡᅵ의 ㅂ이 윗말의 받침으로 올라가 붙은 것이다. 이러한 현상은 쌀에서도 볼 수 있다. '이밥, 조밥, 해콩' 하다가 그 '이, 조, 해'에 쌀이 붙으면 '이쌀, 조쌀, 해쌀'이 될 것인데, '입쌀, 좁쌀, 햅쌀'이라 했다. '대+싸리'를 '댑싸리'로 적는 것은 예전에 싸리를 ᄡᅡ리로 적었었기 때문이다.

"얼굴이 곱단한 젊은 女子가 매서운 눈씨로 노려본다." 할 경우의 눈씨는 '쏘아보는 눈빛'이란 뜻이다. 따라서 '마음씨, 솜씨'는 고울 수도 있지만, 부드러운 '눈씨', 정겨운 '눈씨'란 말은 성립이 되지 않는다.

그러면 위의 여러 경우의 '씨'는 어디서 온 것일까? 얼핏 생각하면 씨앗이라는 뜻의 '씨'에서 온 것이 아닌가도 여길지 모를 일이다. 나는 위에서 솜씨라는 말의 씨가 옛말 ᄡᅵ에서 왔다 하고, 그 ᄡᅵ가 결합해서 되는 여러 씨앗 명칭의 예를 들었기, '솜씨'의 본체말을 이룬 'ᄡᅵ'도 씨앗이라고 착각할지 모르나, 그 경우의 ᄡᅵ는 그것과는 다르다.

그러면 무엇일까? 글씨, 말씨, 솜씨, 마음씨, 눈씨에서 씨의 공통점은 그 쓰임새란 뜻을 지녔다는 것을 알 수 있다. 곧 쓰다(用)의 옛말 'ᄡᅳ다'에서 '씨'가 나왔다는 말이다. 어떻게 그것이 가능한가? 지금도 우리는 "그가 올 시 분명하다." 란 표현表現을 쓴다. 이때의 '시'는 'ᄃᆞ—디—ᄃᆞᆫ—ᄃᆞᆯ—ᄃᆞᆺ'과 모습을 같이하는 'ᄉᆞ—시—ᄉᆞᆫ—ᄉᆞᆯ—ᄉᆞᆺ'에서 맥脈을 끈 것이다. 'ᄃᆞ, ᄉᆞ'는 '것'이란 뜻의 본체말에 해당하는 옛말로, "못 믿을 ᄉᆞᆫ 도화桃花로다." 할 때의 'ᄉᆞᆫ'은 '것은'이란 뜻을 나타낸다. 마찬가지로 "그가 올 시 분명하다." 하면 그때의 '시'는 '것이'라는 뜻으로 'ᄉᆞ+이'에서 '시'로 바뀐 것이다. 이와 같이 해서 ᄡᅳ다의 'ᄡᅳ'가 'ᄡᅳ+이' → 'ᄡᅴ → ᄡᅵ → 씨'로 바뀐 것이다. 말하자면 '쓰이는 것'이라는 뜻을 지닌 접미사接尾辭가 된 것이다.

이렇게 솜씨의 '씨'는 씨앗의 옛말이 아니라, 바로 쓰다의 옛말 'ᄡᅳ다'의 'ᄡᅳ'에서 나온 'ᄡᅵ'에서 '손+ᄡᅵ' → '손ᄡᅵ → 씨'로 된 것임을 알 수 있다. '솜씨'가 손의 쓰임새에서 온 수단手

段이나 재주인 것이요, 씨앗이란 뜻의 '씨'와는 전연 다르다는 것이 확실히 구분된다.

'맵시'란 말이 있다. 이것은 '매무새의 씀새에서 오는 모양새'이니 응당 '씨'자 항렬行列에 넣어 '맵씨'라 처리해야 할 것인데, '맵시'라고 표기表記한 까닭은 무엇인가? 그것은 성깔, 태깔, 맛깔에서 '깔'을 성질性質을 띠고 있는 접미사接尾辭로 고정固定시킨 경우와는 달리 아직 '씨'를 독립적으로 고정固定시키지 않고 '몹시'에서와 같이 특별한 뜻이 없이 ㄱ이나 ㅂ 받침 아래에서 나는 된소리는 예사소리 [平音]으로 적는 원칙에 따라 그냥 '시'로 적은 것이라 하겠다.

글씨는 글자란 뜻과, 써 놓은 글자의 씀새 곧 필치筆致라는 뜻이 들어 있다. 요새는 글씨에서 정속미正速美를 요구한다. 바르고 빠르고 보기좋게 쓰자는 것이다. 그런데 컴퓨터가 쓰는 것을 代行하는 오늘날, 점차로 글씨의 필요가 감소減少되어 점점 글씨를 제대로 못 쓰게 하고 있기도 하다.

얼마 전에 동회로 경로우대증敬老優待證을 하러 간 일이 있다. 말끔하게 생긴 어엿한 30대의 공무원公務員이 한참 꾸물거리고 써 넣은 글씨가 말이 아니다. 성명 석 자를 漢字로 겨우 그린 것은 기성세대가 漢字 교육을 제도적으로 착실히 못 시킨 탓도 있지만, 몇 자 안되는 한글과 산용수자算用數字도 들쭉날쭉 통일성이 없다. 예전 보통학교普通學校 출신 면사무소 호적서기戶籍書記들의 명필치名筆致는 이들 대학大學 졸업생들과는 하늘과 땅의 차이임을 볼 때, 개탄慨歎이란 말 자체가 부끄러울 정도다. 어찌해서 이 지경에 이르렀단 말인가. 공무원을 채용採用할 때, 기호記號를 골라 답하는 선택형選擇型 시험을 거칠 것이 아니라, 자술自述 성장기록成長記錄 한 통만 한자漢字를 섞어 써 내게 하고 그것으로 판정判定을 하면, 글씨도 잘 쓰고 한자漢字도 잘 알게 될 것이다. 이것은 일반 회사會社의 경우도 마찬가지다.

말씨도 무잡蕪雜하기 이를 데 없다. 88년 1월에 정부에서 公布한 표준어 규정에서 엄연히 '교양敎養 있는 사람들'이 두루 쓰는 서울말로 정함을 원칙으로 하고 있는 표준어標準語를 익히는 데는, 어휘語彙와 어법語法에도 문제가 있거니와, 특히 발음發音에서는 귀로 듣기가 몹시 거북할 정도로 거칠고 잡스러워, 어느 한 군데서도 교양敎養이나 품격品格을 찾을 길이 없으니, 이러고서 무슨 국민 정서國民情緖의 순화醇化가 이룩될 것인가?

公的인 장면에서 표준標準 발음과 표준어 사용을 가장 꾀까다롭게 요구하는 영국英國에서는 수도 런던에 표준어 훈련 기관이 즐비한 데 비해, 우리의 서울에서는 그런 기관을 눈 씻고 찾으려야 찾을 수 없는 실태도 그렇거니와, 교양敎養이란 것은 스스로 헤아려서 쌓도록 할 것이지, 누가 왈가왈부曰可曰否한다고 그 소리에 못 이겨 하는 쌓는다면 거리가 먼 이야기가 된다. 더구나 그러한 노력의 한 귀퉁이도 찾아볼 수 없음은 새로에, 갈수록 큰 소리로 버럭버럭 기승氣勝을 부리는 거칠고 품위品位 없는 말씨가 어느 시대가 돼야, 외국 사람들이 한국어韓國語의 표준어는 저런 것이로구나 하고 기준 삼아 배울 수 있게 될지 한심寒心스러울 따름이다.

더구나 종래의 점잖고 감칠맛이 있고 상냥스럽던 서울말의 억양抑揚은 찾아볼 길이 없고, 갈수록 기성奇聲의 연결체로 돼 가는 중고 여학생女學生들의 말씨는 이맛살을 찌푸리게 할 뿐이다.

방송 매체放送媒體가 극도로 발달한 오늘날, 깨끗하고 상냥스러우며 기품氣品이 있는 표준어의 훈련은, 사투리가 범람하는 학교 교단敎壇에 기대하기는 어렵고, 방송放送 당국의 책임감과 성의, 각오覺悟에 기대할 수밖에 없다.

글씨와 말씨는 바로 그 사람의 인품人品을 단적으로 드러내는 표징表徵인 것이다.

(1994)

號辨

세상 온갖 것에 이름 없는 것이 없다. 심지어는 지구상에서 볼 수 없는 우주 공간의 별들은 물론, 그것들의 골짜기며 산봉우리까지에도 이름을 붙여 놓았다. 이름이란 것은 그 사물의 특징을 단적으로 집약해 나타내는, 사람의 지혜로 발명된 가장 훌륭한 것 중의 한 가지다.

사람에게는 성과 이름이 있다. 그런데 그 이름은 한 가지가 아니라 몇 가지씩이나 붙인다. 우리의 선조들은 어릴 때 부르는 아명兒名, 성인이 되는 관례冠禮 때 붙이는 관명冠名, 그리고 사회생활에서 공적으로 쓰일 호적명, 호적에 실은 이름이 여러 가지 형편으로 항렬行列을 좇지 못했을 경우에 족보에 올리기 위해서 항렬자를 넣어 지은 족보명, 문필가들이 붙여 부르는 필명筆名 등이 그것이다. 이러한 이름 외에 친한 사이에 정답게 부르기 위해 붙인 자字가 있다.

우리네 관습으로는 웃어른의 이름을 맞바로 부르지 않는 것이 예절로 되어 있다. 그러기에 상대방에 대한 욕설 가운데, 그 부조父祖의 이름을 외치는 것이 한몫 들어 있다. 서양 사람들은 아무리 직계 존속尊屬의 이름이라도 불러줄수록 좋아한다는데, 우리는 이런 면에서도 어찌 그리 그들과 대조적인지 묘한 느낌마저 든다. 옛사람들이 이름을 그토록 존중하였기에, 웃어른의 이름을 부득이 남에게 일러야 할 경우, 가령 자기 아버지 이름이 '경호'라면, 맞바로 '경호'라고 하지 않고, '경字, 호字'이시라고 하게 되어 있다. 그렇게 하지 않으면 교양이 없는 것으로 여겨진다. 그리고 작고한 이의 이름은 휘諱라고 하는데, 임금의 휘를 적을 때에는 글줄을 바꿔 올려 쓰거나, 한 자 띄어서 쓴다. 그리고서도 죄송스러워 다른 종이를 글자 크기만큼 오려 윗부분을 붙여서 덮는다. 무슨 자인지를 확인하려면 젖혀 보고는 다시 덮어 두기 위해서다. 임금의 이름자는 음을 맞바로 읽지 못하고 달리 낸다. 가령 李太祖의 휘가 단旦이므로 '元旦'을 '원조'라고 읽든지 아예 글자를 바꿔 '원조元朝'라고 썼던 것이다. 맹자 양혜왕편孟子 梁惠王篇에 힘이 百鈞을 들 수 있다(力足以擧百鈞)고 한 대목이 있다. 鈞자의 음은 '균'으로 30근이란 뜻이다. 그런데 인조仁祖의 초휘初諱가 鈞이므로 서당에서는 그 음을 피하여 '근'이라고 읽혀 왔다. 송宋나라의 진덕수眞德秀는 『독서기讀書記』로도 유명한 학자인데, 그의 본래 성은 신愼이었다. 그러나 송 효종宋 孝宗의 휘를 피하기 위하여 성을 진眞으로 바꿨던 것이다. 서당에서는 성현의 이름도 맞바로 읽는 것을 피하여, 이를테면 『통감通鑑 : 자치통감)』 초권初卷에 '추인 맹가鄒人孟軻'란 구절을 '추인 맹모(某)'라고 읽혔다.

이것은 모두 이름을 그만큼 소중히 여겼기 때문에 함부로 입에 올려 부르지 않는다는 선인들의 경건敬虔한 마음씨가 잘 나타난 징표라 하겠다.

이름을 그렇게 존숭했기 때문에 그 대신 호를 지어 불렀다. 호는 아무리 어려운 분의 것이라도 맞바로 불러서 결례가 되는 법은 없다. '퇴계退溪는, 율곡栗谷은' 해도 좋고, 거기다 '선생' 을 붙여도 좋다. 그러나 아무리 상대방을 존중한다 해도 '씨'를 붙여서는 안 된다. 따라서 '소월素月씨'라는 칭호는 있을 수 없다.

유명한 이가 작고한 뒤 조정朝廷에서 그의 생전의 공적을 헤아려서 추증追贈하는 호를 시호諡號라고 했다. '충무공忠武公은 이순신 장군의 시호인 것이다. 호는 대개 남이 지어준다. 그러나 가다가는 자기가 지을 경우도 있다. 이를 자호自號라 한다. 진晋나라 전원시인 도연명陶淵明 은 자호를 오류선생五柳先生이라 했다.

나는 간혹 다른 이의 호를 지어 준 일은 있어도, 스스로의 호는 마련을 하지 못했었다. 별로 써야 할 필요성이 없기 때문이었으리라.

그러다가 벌써 16년 전 일이다. 서울사범대가 용두동에 있을 무렵, 교내 서예전시회를 갖는다 하여 청에 못 이겨 자가류의 글씨를 한폭 서 낸 일이 있다. 그런데 어느 일요일에 서예반 여학생으로부터 갑자기 전화가 걸려왔다. 다짜고짜 호가 무엇이냐고 했다. 글쎄하고 있는데, 난초蘭草는 어떠냐기에 그것도 좋다고 했다.

그런 1주일쯤 후에 당시 서예지도를 맡았던 이화여대의 김윤중 교수가 낙관落款 도장 한 벌을 나무에 손수 새겨 날짜까지 기입해서 건네주는 게 아닌가. 김 교수는 내가 이화여대에 전임으로 있을 때부터 사귄 십년지기知己의 사이로 서예 각체各體를 다 잘하고, 강직하기 이를 데 없는 분이다. 한 쌍의 도장 중 하나는 성명에 '인印'자를 넣어 음각陰刻한 것이고, 또 하나는 '난대蘭臺'라고 양각陽刻한 것이다. 말하자면 내 호를 '蘭臺'라 지은 것이다. 언젠가는 가져야 할 호였지만, 대번에 마음에 들어오질 않았다. 그것은 '臺'자가 풍기는 인상이 좀 딱딱하고 어색하게 느껴졌던 탓이리라.

『한국인명대사전』의 호 일람표를 훑어보아도 '臺'자가 아래에 든 것은 그리 흔치 않아 '경대鏡臺, 조대釣臺, 창대昌臺, 청대淸臺'등 3, 4예에 지나지 않았다. 일반적으로 호의 아랫자로 쓰인 글자로는 얼핏 보아도 식물에 관한 것으로서 송松, 죽竹, 귤橘 등이 있으며, 집에 관한 것으로는 당堂, 실室, 암菴, 재齋,

정亭, 헌軒, 창窓 등이 있고, 산에 관한 것으로는 산山, 곡谷, 봉峰, 강岡 등이 있으며, 물에 관계되는 것으로는 천泉, 계溪, 천川, 강江, 택澤, 당塘, 연淵, 호湖, 파波, 정汀, 빈濱, 포浦, 주洲 등이 있고, 돌에 관한 것으로는 석石, 암巖, 사沙, 옥玉 등이 있으며, 날씨에 관한 것으로는 운雲, 설雪 등이 있고, 토지에 관한 것으로는 전田, 포圃, 휴畦 등이 있으며, 지형에 관한 것으로는 능陵, 파坡, 고皐, 와窩 등이 있고, 촌락에 관한 것으로는 리里, 촌村 등이 있고, 조경에 관련된 것으로는 정庭, 원園 등이 있으며, 방위에 관한 것으로는 동東, 남南, 서西 등이 있고, 사람에 관한 것으로는 인人, 부夫, 옹翁, 수叟, 유로遺老, 산인散人, 산인山人, 처사處士, 거사居士 등이 있으며, 좋은 뜻이나 유현幽玄한 것으로는 보輔, 향香, 허虛, 은隱 등이 있다.

'臺'는 이들 중 지형에 들 수 있는 글자지만, 다른 글자들에 비하여 쓰인 빈도가 낮은 이유는 무엇일까. 우리 선인들도 나와 같은 생각으로 그 자를 호에 선뜩 쓰지 않았었던가?

그러나 난蘭자가 호의 웃자로 쓰인 예는 난계蘭溪, 난고蘭皐, 난곡蘭谷, 난국재蘭菊齋, 난설헌蘭雪軒, 난우蘭嵎, 난파蘭坡, 난원蘭園 등 꽤 있어 다소 위로가 되기도 하였다.

어떻든 '蘭臺'란 낙관 도장이 생긴 후로도 별로 쓰일 기회가 없고 해서 그대로 서랍 속에 넣어 두었었다. 그러던 얼마 후, 나보다는 꽤 연상이었으나 연령에 비해 몹시도 정열적이고 팔팔하던 김 교수가 갑자기 졸도한 채 그대로 타계하고 말았다.

너무나 가까웠기에 언제라도 가능하다는 생각으로 그의 생존시에 글씨 한폭 받지 못했었는데, 그 김 교수가 손수 짓고 새겨 준 낙관 도장이니 다소 마음에 들지 않는 점이 있더라도 고마운 마음을 운명으로 받아들여 '蘭臺'를 그대로 호로 굳히기로 했다.

'난대'란 난초 화분을 받치고 있는 대란 뜻인가. 따라서 난초가 마음 놓고 잎을 뻗고 꽃향기 그윽하게 펼치도록 받쳐 주는 구실이 바로 난대의 임무이며, 그것은 곧 나의 임무일지도 모르겠다. 사실 나 스스로가 펴서 복욱馥郁한 내음을 펼쳐 가기에는 너무나 미흡한 면이 많지 않던가. 그러고 보니 언젠가 통도사通度寺에 들러, 지금은 이 세상에서 경해謦咳를 접할 수 없는 경봉鏡峰 스님을 찾아뵈었을 때, 내 명함을 받아 들자 "하나에 응하기도 어려운데 백百에 응하려니 얼마나 바쁘겠소." 라고 한 스님의 첫마디가 지금도 귀에 쟁쟁하니, 그럼으로써 이 이름에 그 호가 도리어 잘 어울리는 것일지도 모를 일이다.

사전을 들춰 보면 '蘭臺'란 말에는 역사적으로도 여러 가지 좋은 뜻이 담겨 있다.

첫째가 지명이요, 둘째는 초楚나라 임금의 궁전 이름이며, 셋째는 한漢나라 때 마치 우리의 장서각藏書閣 모양으로 궁중의 장서하던 곳이요, 넷째가 후한後漢 때의 벼슬 이름으로 필요한 사실을 임금께 아뢰고 도장이며 문서를 다루던 부서가 난대영사蘭臺令史이며, 다섯째가 당대唐代의 비서성秘書省이요,

여섯째가 한漢나라 때의 어사대御史臺이며, 일곱째가 사관史官을 뜻하니, 후한後漢의 반고班固가 난대영사로서 「광무본기光武本紀」를 엮었기 때문이라 했다.

이만하면 어디에 내놓아도 당당히 자랑할 만한 것이 아니겠는가.

그런데 '蘭臺'란 호는 우리나라에는 보이지 않고, 明나라의 요수姚綬는 난대일사蘭臺逸史라는 호를 가졌었고, 청淸의 하종기夏宗沂는 자字를 '蘭臺'라 했다.

이렇게 보면 우리나라에서는 내가 '난대'란 호의 제1호가 된 셈이다.

'1966. 10. 9 한글날'이라고 세필로 도장 전면에 정중하게 쓴 김교수의 글씨는 비바람에 30년 동안이나 씻기면서도 의연히 그 옹골찬 筆劃이 新羅의 명필 김생金生과도 겨눌 수 있을 내 참나무 문패 글씨와 함께 내가 김 교수에게서 직접 받은 유일한 소장품인 점에서 더욱 대견히 여겨진다.

김 교수는 자호를 공정空亭이라 했는데, 획을 덜어 '工丁'이라고도 했다. 工丁이라 하기엔 글씨가 너무 무게가 있고, 붓끝에서 팽 소리가 나는 필력과 금시에 바위라도 부수고 돌진하리만한 그 기백이 속절 없이 허虛로 돌아갔음은 공정空亭이란 호 탓인가.

김 교수 작고 후 첫 번째 유묵전遺墨展에서, 내게 써 준다는 단서는 없는 채 작은 글씨로 단념丹念히 슨 '독락원기獨樂園記'

한 폭을 기념으로 받아 간직하게 됐으니, 그럼으로 그의 글씨는 세 가지 재료에 각기 다른체로 내게 영원히 간직되게 됐다.

지난해 여름이었던가, 대학의 자호를 '술생각述生閣'이라하는 L회장이 흰 바탕에 옥색玉色 무늬 아롱진 옥돌에 내 '낙관' 을 새겨 준 일이 있다. 그럼으로 이제 蘭臺란 내 호는 돌과 같이 더욱 요지부동搖之不動으로 굳혀지게 되었다.

이름 대신이 아니라 이름과 함께 이 '蘭臺'란 호가 앞으로 많이 쓰이는 것이 그 사연에 얽힌 모든 분들에게 회사回謝의 뜻이 되리라.

(1983)

담배 이야기

나는 열여덟 때 담배를 피우다 질겁을 해서 그만 둔 기억이 있다. 어른들이 장죽의 대통 모가지에서 바작바작 소리가 나도록 몹시도 맛있게 피우는 걸 보고 부엌꽁무니에 가서 몰래 피워 본 것이다. 몇 모금 빼끔빼끔 해 보았더니 혀끝이 알알하고 입안이 온통 소태같이 썼다. 그때 만약 어른들이 하는 대로 연기를 한 모금 삼켰더라면 곧장 머리가 핑 돌았을 것이다. 그 뒤로 나는 담배에 대한 호기심이나 피우고 싶은 생각은 전혀 일지 않았다. 말하자면 일찌감치 졸업을 한 셈이다.

그러다가 대학에서 학생과장이며 교무과장 같은 보직을 맡았을때, 무슨 회의를 할라치면 테이블 위에 놓인 공초公草에 무심히 손이 가 한두 대 피는 버릇이 생기게 되었다. 그러나 그것도 회의 때뿐, 혼자 있을 때는 그렇지도 않았다. 그도 그

렬 것이 내 주머니에는 아예 담배며 그에 딸린 제구가 전혀 들어 있지 않았기 때문이다. 다만 누구를 만났을 때, 상대방이 권하면 그때마다 안 핀다고 하기도 그렇고 하여 그냥 받아 뻐끔거리는 게 고작이었다.

그런 내 뻐끔담배가 가장 위력을 발휘할 때는 대학입시나 예비고사의 출제작업 기간이다. 10여 일에서 거의 한 달씩이나 되는 그 긴 동안, 그야말로 심심초로, 때로는 생각이 막혔을 때 머리의 회전을 위해 하루에도 몇 대씩 뻐끔거렸던 것이다. 그러나 한번도 연기가 목구멍을 넘어간 일이 없다.

그러다가 그것을 완전히 끊은 것은, 76년 봄 한국방송통신대학장의 보직을 맡은 때부터였다. 담배를 몹시도 즐겨 피던 전임 K학장과 몇몇 간부들이 그 전해부터인가 아예 끊어 버렸다는 것이다. 그렇다면 어차피 뻐끔담배인 내가 그것을 끊기는 식은 죽 먹기가 아니냐는 생각이 열매를 맺은 셈이다.

영화 스크린에서 담배는 남자의 매력을 나타내는 필수적인 수단처럼 등장된다. 깊은 생각에 잠겼을 때 손가락 끝에 낀 하얀 담배 끝에서 파란 연기가 훌훌 다연茶煙처럼 피어오른다. 세상 모든 고민을, 바닷물을 삼키듯 빨아 들여 입속에서 한 바퀴 휘말아 가지고서 몽땅 삼켰다가, 모든 것 다 체념이나 했다는 듯이 한꺼번에 후유 내뿜는 그 연기는 보는 사람의 마음까지 시원하게 한다. 풀릴 듯 안 풀릴 듯 가물거리는 상념을 싣고 동글동글 원을 그리며 펼쳐지는 연기, 때로는 둥글게 하이얀 똬리를 지어서 하늘을 향해 연방 띄워 보내기도 한다. 찰나찰나 사라지는 하늘의 곡예이다.

통량갓에 넓은 도포 자락, 붉은 술띠로 가슴을 지긋이 눌러 매고 팔 길이보다도 긴 장죽 끝에서, 그리고 입에 문 물부리에서 번갈아 가며 하얀 연기가 피어오르고 내뿜긴다. 대통에서 꼬까락꼬까락 끓던 댓진 소리가 그치면 둥글넓적한 백통 재떨이 한복판 도도록한 배꼽을 사정없이 후려쳐 재를 떤다. 쩡쩡 울리는 이 재 떠는 소리에 가부장적家父長的 위엄이 살아 있다.

『춘향전』에는 이 도령이 암행어사가 되어 남원으로 내려가는데, 길가 농부들이 논일을 하다가 논둑에 나와 담배를 피는 정경이 나온다.

'곱돌조대 넌짓 들어 꽁무니 더듬더니 가죽쌈지 빼어 놓고, 담배에 세우 침을 뱉어 엄지가락이 자빠라지게 비빗비빗 단단히 넣어 짚불을 뒤져 놓고, 화로에 푹 질러 담배를 먹는데, 농군이라하는 것이 대가 빡빡하면 쥐새끼 소리가 나것다, 양볼따기가 오목오목, 콧궁기가 발씸발씸, 연기가 홀홀 나게 피워 물고 나서니……'

얼마나 실감나는 묘사인가.

고종 때 홍순학洪淳學이 청淸나라의 연경엘 다녀와서 지은 기행가사 『연행가燕行歌』에는 이런 대목이 나온다.

무론 남녀노소하고

담배들을 즐기이네.
팔구세 아희들도
곰방대를 물었고나.

작년에 남미 브라질에 갔을 때 이와 꼭 같은 광경을 목격했다. 그런 면에선 우리는 이들보다 훨씬 완고한 편이다. 그야 요새 여자 대학생들이나 젊은 여성들의 담배 인구가 점차로 늘어가고 있다지만, 아직도 그것이 당연한 일로는 받아들여지지 않고 있다. 이 점은 세월을 거슬러 올라갈수록 더했다.

그런데 예로부터 할머니들이 담배를 피우는 데 대해서는 아무 저항감도 갖지 않았던 것이 우리들의 관습이다.

내가 8, 9세 무렵, 집에서 너덧 집 건너 여운형呂運亨씨의 종조從祖되는 분이 살고 있었다. 그분은 서울서 서당 형태의 사립학교를 경영하다가 갈수록 간섭과 횡포가 심해지는 일본인들의 꼴이 보기 싫다고 조모趙某씨의 사음(舍音 : 마름)을 맡아 가지고 낙향하여 머슴을 두고 농사를 짓는 한편, 동네 청소년들에게 한문도 가르쳤다. 그래서 동네 사람들은 그 댁을 呂선생님 댁이라고 했다. 그 댁 사모님은 벌써 칠순이나 되신 분으로 머리가 하얗고 돋보기안경을 쓰고 있었다.

말세가 가깝다고 내외분이 예수를 독실히 믿었는데, 그 사모님은 담배를 즐겨 피웠다. 그때는 담배와 술이 우리나라의 기독교 신자들의 금기 사항인 줄은 몰랐기에 별다른 생각은

품을 수 없이 노인네들은 여자도 담배를 피우나보다 하고 생각했다.

나는 누님을 따라 그 댁에 간 것이 인연이 되어 곧잘 그 사모님을 뵈러 갔다. 그때마다 아버지가 사다 두고 피우시는 '희연囍煙' 봉지에서 담배를 조금씩 덜어서 갖다 드렸던 기억이 난다.

나는 그 뒤 여 선생께 『통감通鑑 : 자치통감』 초권初卷을 배운 일이 있고, 사범학교 3학년 여름 방학에 그분 앞에서 『맹자』를 통독한 일이 있다. 지금은 두 분 다 안 계시지만 그 사모님이 조골조골한 입술로 볼이 옴폭옴폭 패도록 장죽의 물부리를 빠시던 모습이 현연現然하다.

Y대학의 K교수는 담배에 관한 온갖 제구를 지니고 있다. 기묘하게 생긴 파이프에서부터 파이프 구멍을 쑤시는 것, 대통을 후비는 것, 붕긋이 일어나는 대통의 재를 꾹꾹 누르는 것, 휴대용 재떨이, 눅눅하게 축여 넣은 담배가 마르지 않도록 고안된 쌈지, 그리고 하나하나 유래가 깃든 여러 가지 모양의 라이타 등등, 그것만으로도 족히 한살림거리는 될 정도이다. 그러기에 그는 항시 어깨에 여행백을 걸머메고 다닌다. 그러나 워낙 체구가 큰 그에게 그것은 아주 작은 손가방으로 보인다.

아침 산책 때, 간혹 앞사람이 피우는 담배 연기가 아주 구수하게 느껴질 경우가 있다. 그러나 좁은 찻간 같은 데서 '금연'

의 표지가 엄연히 붙어 있는데도 바로 옆자리에서 담배를 퍽퍽 피워 댈 때는 꼭 숨이 막힐 것 같고, 머리가 어질어질해진다. 어떤 학자는 담배를 피우는 사람보다도 연기를 맡는 쪽의 피해가 더 크다고도 했다.

브라질 여행 때 룸메이트가 담배를 몹시 즐겼다. 그는 닿는 곳마다 색다른 담배가 눈에 띄면 수집을 하고, 그 맛을 감상하기도 했다. 그런데 담배를 피우는 이들이 잘 하듯, 그도 잠자리에든 뒤 하루의 피로를 다 청산하고 우화이등선羽化而登仙하는 기분으로 한 대의 담배를 피우는 것을 잊지 않았다. 보통 때 같으면 창을 열어 놓을 수도 있지만, 이미 자리에 든 터라 유난스레 그럴 수도 없고 해서 급한 대로 이불을 뒤집어 쓸 수밖에 없었다. 그러나 방안 연기가 이불 속이라고 사양할 리는 없다. 연기 속을 헤엄치는 사나이처럼 에누리 없이 그 연기를 들이마실 수밖에 없었던 것이다.

그런데 미국에서는 승용차에서는 담배를 피울 수 있으나, 버스 같은 인원이 많이 타는 차에서는 절대 금연으로 되어 있어, 만약 발견이 되면 벌금을 물어야 한단다. 그래 나는 큰 차를 탈 때마다, "담배 피우는 분들, 이것을 계기로 금연하심이 어떠실지!"하는 말을 던지곤 했다. 밤마다 담배 연기의 늪 속에서 침전되는 자신을 구출해 보겠다는 안간힘이 곁들인 하소이기도 했던 것이다.

일반적으로 담배를 피우는 분들은 다른 사람들도 다 담배를 좋아하는 것으로 마음대로 동일시하는 모양이다. 그리하여 자기가 희생적으로 그 좋은 담배를 구입하고 성냥이며 라이타까지 투자하여 값비싼 연기를 고루 배급하는 자비 어린 행동을 하고 있는 것으로 극히 자족하는 착각에 사로잡혀 있는지도 모를 일이다.

요새 대학생들은 담배에 중독된 사람이 많은 것 같다. 캠퍼스안을 거닐 때는 물론 복도에서고 강의실에서고 아랑곳없이 담배를 펵펵 피워댄다. 그래도 아직 강의 시간에 피우지 않는 것은 다행한 일이라 하겠다.

담배를 꼬나 문 채 복도나 출입문에서 마주쳐도 눈 하나 깜짝하지 않는 학생이 있다. 내가 성인으로서 담배를 피울 권리가 있고, 그것도 하나의 음식물인데 제삼자에게 무슨 간섭과 구속을 받을 필요가 있으랴 하는 자기딴의 똑똑한 판단 아래 취해지는 행동일까.

사람들은 으레 꽁초를 아무데나 버린다. 복도고 현관이고 교실 바닥이고 계단이고 할 것 없이 희끗희끗 버려진 꽁초들은 담배 예절 전무의 풍토의 흔적을 역력히 실증하는 것이다. 숨어서 배운 이 담배 행각은 해마다 많은 산불이며 기타의 화재의 원인이 되고 있기도 한다.

담배, 잘 살리면 운치까지 있지만, 그렇지 못하면 온갖 해의 진원震源이 된다 하겠다.

(1981

순간瞬間

벌써 10년도 넘었으리라. Y대학의 C교수가 심혈을 기울여 지은 집이 다 이룩되어 이제 입주만 하면 되게 되었을 때, 우연히 기둥에 박힌 못이 눈에 띄었다. 공사 때 필요해서 박았을 것이건만, 준공竣工의 문턱에서는 눈거슬림 밖에 되지 않았다. C교수는 아무나 시켜서 뽑을 수도 있는 그 못을 사다리를 가져다 놓고 올라가 손수 뽑았다. 꽤 큰 못이라 좀체로 뽑히질 않았다. 이왕 올라간 김에 기어코 뽑겠다 작심作心하고 힘을 몰박아 들여 결국 뽑히고 말았다. 그런데 문제는 바로 그 순간에 일어난 것이다. 못 쪽으로 기울어졌던 몸의 중심이 못이 뽑히자 뒤로 쏠리고, 이어 기둥에 거의 붙이다시피 곤두 세웠던 사다리와 함께 그만 뒤로 벌렁 넘어가고 말았다. 실로 몇 초 사이에 일어난 엄청난 사고였다. C교수는 심한 뇌진탕으로 한

마디의 말도 남기지 못한 채 불귀不歸의 객客이 되고 말았던 것이다.

한학漢學者로서 누구라면 알 만한 老교수가 집안에 목욕탕을 들이고 바닥은 매끈매끈한 타일을 깔았다. 그런데 어찌하랴. 정성들여 마련한 새 목욕탕을 채 활용도 못한 채 어느 날 타일에서 미끄러져 세상을 뜨고 말았다. 젊은이들은 웬만큼 미끄러져도 탄력 있게 몸을 가눌 수 있지만, 연세가 높은 분으로서는 몸이 뜻대로 되지 않아 공중제비가 되기 일쑤인 것이다.

나의 처가측 부인 한 분은 언젠가 팔목에 붕대를 감아 어깨에 걸머메고 우리 집엘 왔다. 연유를 물은즉 실내室內에서 앉았다 일어날 때 상반신을 앞으로 수그리면서 내디던 발끝에 두루마기 고름이 밟혀 곤두박질을 치는 바람에 팔목이 분질러졌다는 것이다. 오랜 고생에 팔은 나았는데, 이번에는 다른 일이 벌어졌다. 집수리를 착수하여 옥외屋外에서 일을 감독하고 있는데, 방에서 전화벨이 울려왔다. 회갑回甲을 이미 몇 해 전에 치른 이 부인은 허위허위 계단을 급히 올라 방에 들어가면서 엎드러지듯 전화기를 집어 들었다. 그러나 턱에 닿은 숨을 채 돌릴 겨를도 없이 그대로 어프러진 채 운명殞命하고 말았다.

내 제자 Y군은 학생들을 데리고 속리산인가 어디로 수학여행修學旅行을 갔다가 발을 헛디디어 뒤로 넘어갔는데, 운 나쁘

게도 뾰족한 돌이 바로 목뒤 제비초리를 뚫고 연수延髓에 박혀 그자리에서 유명幽明를 달리하고 말았다.

위의 사실들은 연령의 고하高下와 남녀의 다름은 있지만 모두 순간에 일어난 불상사不祥事로 아무런 정신적·육체적 고통도 느낄 겨를도 없이 세상을 하직下直한 예들이다.

긴 병에 효자 없다는 격으로 가족들에게 너무 폐를 끼쳐도 좋지 않지만, 이렇게 일종의 횡사橫死를 해도 말할 수 없는 허무감과 슬픔을 안겨다 준다. 생生과 사死는 너무나 극단의 갈림길이기 때문이다.

한국 방송통신대학의 책임을 맡고 있을 때의 일이다. 어느 날 초등교육과의 학과장 K교수가 전례 없이 간부회의에 얼굴을 안 보였다. 발목에 골절상을 입고 누워 있다는 것이다. 그날 회의가 끝나자 일동은 성동구에 있는 그 교수댁에로 문병問病을 갔다. 한창 더운 철에 발목에 깁스를 하고 누워 있는 K교수의 다친 내력은 정말 싱겁기 짝이 없었다. 부분 돋보기를 쓰고 계단을 내려가다가 어룽어룽 비치는 계단을 탁 디디는 찰나刹那, 허정을 짚은 발목이 갑자기 쏠려오는 체중을 감당할 길 없이 드디어 골절이란 현상을 빚어내고 말았다는 것이다.

나는 평시에는 안경을 안 쓰니까 그런 경우는 없었지만, 간혹 부분 돋보기를 쓴 채 계단을 내려갈 때에는 그때마다 K교수 생각을 한다. 그리고 발을 제겨디디든지, 아예 안경을 벗고 내려간다. 그뿐 아니라 산에 오를 때는 Y군 생각을 하여 건들

거릴 듯한 돌은 살짝 밟아 움직이지 않으면 아주먹이로 디딘다. 전화벨 소리를 듣고 허겁지겁 달려가서는 단 1초라도 숨을 돌리고 나서 전화를 받으며, 한복차림으로 앉았다 일어날 때에는 두루마기의 고름이나 앞자락을 밟을까봐 조심을 한다. 집이나 다른 곳에서 욕실에 들어갈 때에는 늘 그 노老교수 생각을 하며, 높은 곳의 못을 발판이나 사다리 위에 올라가 뽑을 때는 C교수의 일이 뇌리腦裡를 스쳐 간다. 이 모든 분들은 스스로의 희생犧牲으로 우리들에게 산 교훈을 남긴 것이다.

당唐 나라의 대문장가大文章家 한유韓愈는 그의 글 「사설師說」에서 성인聖人은 일정한 스승이 없다(聖人無常師)고 했다. 자기보다 훌륭한 이한테서는 좋은 점을 배우고, 자기보다 못한 이를 보고는 스스로를 반성하기 때문이다.

더구나 앞의 경우들은 순간에 일어난 일들이라는 데 주목해야 한다. 생각해 보면 시간이란 것, 아니 사람의 일생이란 것은 무수한 순간들이 이어진 선이라 하겠다. 이 순간들이 인因을 심고 과果를 거둔다. 무심한 말 한마디, 행동 하나가 앞날을 열게도 하고, 일생을 망치며 목숨까지 앗아가기도 한다.

그러니 어찌 일순간이라고 소홀히 여길 수 있으랴. 그렇다고 엷은 얼음 위를 건너가듯 늘 전전긍긍戰戰兢兢할 필요는 없다. 평상심平常心을 가지고 느긋이 최선을 다할 뿐이다.

(1987)

3부

사랑 양반

우리나라 재래식 한옥韓屋에는 규모가 그리 크지 않더라도 대개는 안채와 사랑채가 있다. 그야 방 한 칸밖에 없는 집에는 이도 저도 가릴 바 못 되지만, 방이 둘만 돼도 男女의 거처 공간을 따로 설정했었다. 이는 아마도 내외법內外法이 엄격했던 시대상의 반영이 아닌가 한다. 바깥손님은 사랑채에서, 안손님은 안채에서 접대해야 할 필요에서, 단칸집이 아닌 바에야 그렇게 구분하는 것을 기본으로 삼았던 것이다.

그러나 거처 공간의 별정別定은 자연히 각기 다른 분위기雰圍氣를 빚어냈다. 사랑에는 엄격함과 위엄이 가득 차며, 안방에는 따뜻함과 포용성包容性이 감돌았다. 그러면서도 절도節度 면에서는 안팎이 더하고 덜함이 없을 만큼 분명했다.

사랑에서의 큰 기침 소리나 장죽長竹으로 놋재떨이에 담뱃

재를 짱짱 울려 떠는 소리는 삽시간에 안채의 분위기를 긴장시키고, 혹시나 떨어질 엄한 분부를 맞을 채비를 차리게 한다. 그 순간이 별일 없이 지나갔을 때의 안도의 한숨은 얼어붙었던 겨울 뒤에 새 봄을 만나는 기분이다.

조선조 숙종肅宗 때 한지韓祉라는 감사監司가 있었다. 인품이 묵직하여 일찍이 말을 빨리 하거나 얼굴에 노기怒氣를 띠는 일이 없었다. 어느 날 어떤 사람에게 곤장棍杖을 두세 번 쳤다. 단지 그뿐이었는데 감영監營 안팎이 숨소리도 안 들릴 만큼 숙연肅然하고, 발걸음을 재촉하는 발자취 소리만 들려 사람들이 벌벌 떨었다. 감사가 행차하는 곳에 달리 금훤禁喧을 하지 않았는데 사람들이 쥐죽은듯이 행보行步를 멈추니, 그 까닭을 몰랐었다.

이는 다산茶山 정약용丁若鏞의 목민심서牧民心書에 나오는 예화例話로, 백성을 다스리는 목민관牧民官은 말이 적고 위엄이 있어야 권위가 있다는 것을 말한 것이다. 가장家長도 마찬가지로 말수가 적고 위엄이 있을 때 권위가 선다. 그리하여 기침소리, 재떨이 울리는 소리에도 가족들이 정신을 차리는 풍조는 가도家道가 제대로 서 있다는 단적인 증거라 하겠다.

규수閨秀란 말이 있다. 안방에서 자란 재색才色을 겸비한 처자處子를 이르는 말이다. 말씨와 행동거지行動擧止, 예의범절, 음식 솜씨와 바느질, 글씨며 글이 나무랄데 없이 훌륭히 갖춰진 나이찬 처녀라는 뜻이다.

이러한 규수는 할머니나 어머니로부터 모든 것을 배운다. 이는 옛날 할머니나 어머니들이 집안에서 子女를 가르칠 수 있는 소양素養과 교양이 쌓이어 있었다는 것을 뜻한다. 예전에 이름 있는 이들 가운데 어머니의 훌륭한 가르침을 받아 그리 된 사례가 많다. 맹자孟子가 그랬고, 율곡栗谷과 한석봉韓石峯이 그랬다.

조선조 성종成宗 6년(1475)에 성종의 어머니 인수대비仁粹大妃는 나라가 잘 다스려지느냐 어지러우냐, 흥하느냐 망하느냐는 남자들이 밝으냐 어두우냐에 달려 있지만, 여자들이 착하냐 착하지 않느냐 에도 달려 있으므로 반드시 가르쳐야 한다 하고, 내훈內訓 3권을 지어 여자들의 교본敎本으로 끼쳤다. 1권은 언행言行, 효친孝親, 혼례婚禮, 2권은 부부夫婦, 3권은 모의母儀, 돈목敦睦, 염검廉儉이다. 이러한 부녀자들에 대한 교양서는 자연히 집안에서의 가풍家風과 자녀 교육의 지침이 되었던 것이다.

중종中宗 때 사람 박세무朴世茂란 이는 동몽선습童蒙先習이란 아동용 교재를 만들었는데, 그 속에 소학小學에서 뜻을 당겨서 쓴 이런 구절이 보인다. '남자는 밖에 거처하면서 안 일에 간섭하지 않으며, 부인은 안에 거처하면서 바깥일에 간섭하지 않는다.(男子居外, 而不言內, 婦人居內, 而不言外.)' 부부가 각기 거처 공간을 중심으로 역할 분담을 하고, 서로 경계를 침범하지 말라는 것이다. 이야말로 부부가 어디까지나 서로

人格을 존중하는 것을 강조한 것이다. 따라서 집안 살림은 여자 주인들이 했다. 살림의 주도권은 광열쇠로 상징됐다. 시어머니가 살림을 며느리에게 내맡길 때에는 광 열쇠를 내준다. 이렇게 예전의 안주인의 권위와 권한은 당당하였다. 그리하여 옛사람들은 부부간에 서로 공대를 하고 인격을 존중했다. 옛사람들의 가도家道와 부부의 도리가 눈에 잡히는 것 같다.

지금은 가옥 구조가 양옥화 하여 사랑채와 안채의 개념이 없이 부부가 같은 공간에서 거처한다. 그리함으로 부부가 너무 가까워져 존경尊敬의 여지가 없게 되어 버렸다. 존경에는 적당한 거리가 유지되어야 한다. 그렇게 함으로써 늘 정다운 손님, 보고 싶고 그리워하는 손님을 대하는 듯 신선감新鮮感, 신비감이 유지된다. 옛사람들이 댓구멍으로도 서로 보지 못한 생판 모르는 처지로 만나서 일생을 별탈 없이 꾸준히 살아간 것은 이렇게 적당한 거리감의 유지 때문이다. 게다가 대가족주의大家族主義로 층층시하에서 부부가 쉽게 만날 기회조차 없었던 환경이 항상 그리워함을 촉진시켰던 것이다. 요새 부부들은 서로가 너무 속속들이 샅샅이 사정을 알아 신비로운 구석이 없게 되어 버렸다. 같은 공간에서 거처하다 보니 세세한 행동 거지가 다 눈에 보이고, 그것의 총화總和가 그의 전부인 양 착각하고 실제 이하로 평가 절하評價切下를 하려든다. 연애戀愛로 맺어진 부부가 쉽게 헤어지는 까닭도 거기에 있다. 현명한 아내는 남편의 좋은 점을 子女들 앞에 부각시킴으로써 남편도 자숙하고 가도家道도 선다는 것을 잘 안다. 옛날 부인들은 바로 그것을 실천했다.

요새는 부부사이의 호칭은 가령 남편을 '아빠'라고 하는 등 강상綱常에 어긋나는 잘못을 항다반恒茶飯으로 저지른다. 그런가 하면 아주 가깝게 사귀던 시절의 호칭을 그대로 연장시켜 '너'니 '나'라고 하고, 서로 이름을 부르기도 한다. 사이가 너무 가까우면 완충緩衝의 여지가 없어 부딪치면 파탄이 오기 쉽다. 그런 점에서 종래의 호칭도 음미할 바가 있다. 남편을 '그이' '우리 그이' '우리 집이[-니]' 또는 '바깥양반' '사랑양반'으로 부르는 것이 그것이다.

사랑채는 없어도 말에서나마 '사랑양반'을 존속시킴이 남편의 권위, 따라서 家道를 유지하는 하나의 방도가 아닐는지?

(1991)

신방돌

6·25라는 극심한 난리통에 수없이 망가져버린 데다가 재개발에 밀려 대부분이 헐리고 새로 짓는 일도 거의 없어, 요새는 특별히 지정된 보존지구保存地區가 아니면 볼 수 없는 것이 우리의 전통적 한옥韓屋이다.

韓屋은 잘 지은 집일수록 웅장雄壯하게 보이게 하려고 안마당과 댓돌 사이며 지붕의 높이를 높게 한다. 그리하여 댓돌의 포갠 수효에 따라 외벌댓집, 두벌댓집이라 하며, 지붕의 높이를 도리와 부연婦椽·附椽으로 조절한다. 기둥과 서까래 사이를 가로 받친 도리를 네모지게 한 집을 납도리집, 납도리 위에 둥글게 깎아 다듬은 굴도리를 포개 얹은 집을 굴도리집이라고 한다. 굴도리는 집이 훨씬 훤칠하고 格이 높게 보이게 하는 효과를 지닌다. 굴도리집에는 서까래의 끝 위쪽에, 끝으로 갈

수록 체감도遞減度를 넣어 네모지고 위로 버듬하게 깎은 부연을 단다. 이것은 납도리집의 지붕이 몽창하게 갑자기 끝이 잘린 데 비해, 지붕의 물매가 큰 원圓의 호弧를 그리며 무한대로 이어져 학鶴이 긴 날개를 쭉 편 듯 시원한 느낌을 준다.

이것은 우리 先人들의 낙낙한 예술적藝術的 세련미洗練美가 건축에 발현發現된 것이지만, 이러한 의장意匠은 옥내屋內의 외부 공간에서 내부 공간으로 이어지는 어름에 놓인 신방돌을 사북으로 삼아 한층 효과적으로 펼쳐진다. 안마당에서 댓돌로 오르고, 다시 마루로 올라가는 곳에 신을 벗어 놓을 수 있도록 네모지고 길게 깎아 가로 놓은 돌이 신방돌이다.

신방돌의 '방'은 문지방門地枋이니 중방中枋이니 할 때의 '방'과 같이 가로 놓인 부재部材라는 뜻을 지닌 것이라 본다면, 신방돌이란 결국 신을 벗어 놓을 목적으로 깎아 가로 놓은 돌이란 뜻이 되겠다. 마루나 밖으로 난 방문 앞에 신방돌이 놓이지 않는다면, 집안의 안과 밖이 단절돼 답답함과, 있을 것이 없는 데서 오는 머쓱함을 느끼게 될 것이다. 가령 눈썹이 없는 사람의 얼굴을 생각해 보라. 얼마나 싱겁게 보일 것인가.

도남陶南 조윤제趙潤濟 박사는 우리 문화의 특징을 은근과 끈기라고 했다. 드러내 까발리지 않고 은은한 가운데 깊은 뜻을 지니고, 대륙大陸과 섬나라 사이에서 수없는 내우외환內憂外患을 겪으면서 끈기 있게 버티어 독특한 민족문화民族文化를 이룩해 냈다는 것이다.

그 중에서도 미인美人을 그림에 세부細部를 하나하나 구체적으로 묘사描寫함 없이 여운간지명월如雲間之明月이요, 약수중지연화若水中之蓮花라고 하듯 변죽만 울렸다. 구름 사이로 슬쩍 비치는 밝은 달 같고, 물 가운데 피어 있는 연꽃과 같다는 뜻이다. 이처럼 그냥 풍기는 모습의 언저리를 잡아 줌으로써 읽는 이가 각기 스스로의 깊이만큼 상상력을 발동케 한 것이니, 서양 사람들이 구체적으로 그려 누구나가 객관성 있게 획일적으로 느끼게 하는 것과는 판이判異한 바가 있다.

기껏 자세히 그린 것이랬자 맑은 눈길을 가을 물 같다느니 女人의 눈썹을 아미蛾眉니 팔자춘산八字春山이라 했다. 눈이 맑고 이지적理智的이면서 정염情炎이 흐르는 모습을 가을 물의 맑고 시원한 인상에 비유한 것이며, 어느 정도 숱이 있고 눈구석에서 눈 꼬리 위쪽으로 향해 마치 나방의 눈썹(사실은 촉각이지만)처럼 추켜 올라간 女人의 눈썹을 아미蛾眉라 하고, 가늘고 둥그스름하게 생긴 눈썹을 저 멀리 봄날 아지랑이 삼삼이듯 부드럽고 둥글둥글하게 윤곽輪廓만이 여덟 八字처럼 그려져 보이는 봄 산에 비유한 것이다. 아미蛾眉에는 의지意志가 보이고 팔자춘산八字春山에는 곱고 부드러움이 보인다.

도남陶南은 서양인들은 남의 앞에서도 남녀가 껴안고 입을 맞추는 등 드러내놓고 애정愛情 표시를 하는데, 우리는 여기서도 은은함을 보여, 신방돌 위에 남녀의 신이 가지런히 놓이고, 방문은 닫힌 채 아무 기색이 없는 것으로 그려진다고 했다.

그러나 요새는 무척 개방적開放的이어서 이러한 장면은 고전소설古典小說 글에서나 접할 수 있게 되고 말았다.

신방돌 위에 신들이 같은 방향으로 질서 있게 놓인 것을 보면 그 집안의 질서가 정연整然하게 잡혀 있는 것을 짐작할 수 있고, 뒤섞이고 더러는 밑으로 떨어져 있는 것을 보면 가도家道가 문란紊亂함을 느낄 수 있다.

요새 흔한 양옥洋屋이나 아파트 같은 데에는 신방돌 대신 현관玄關에 신을 벗어 놓게 돼 있다. 신방돌은 그 폭이 신의 길이만 하므로 자연히 그 위에 신이 쉽사리 나란히 놓이게 되지만, 현관은 그보다 훨씬 넓은 공간空間을 차지하므로 신이 그 임자의 개성대로 가지각색으로 놓인다. 성미가 무척 급한 이는 허겁지겁 들어오면서 신 한 짝은 마루턱 바로 밑쪽에, 다른 짝은 현관 문턱 바로 안에 나둥그러지기도 한다. 어떤 이는 그만큼의 거리는 아니더라도 앞서거니 뒤서거니 기러기 항렬行列로 벗어 놓는다. 겨우 기장을 맞춘다 하더라도 굽이 맞닿았을 뿐, 앞부리는 쩍 벌어져 역정삼각형逆正三角形의 윗변을 이루거나 또 그 반대 현상을 이룬다. 워낙 신이 많아 비좁을 때에는 신들이 엎어지고 잦혀지며 어느 것은 바로, 어느 것은 거꾸로 뒤죽박죽 정신을 못 차리게 한다. 참새 떼처럼 우루루 모여온 애들이나 젊은 층이 그러기 쉽고, 나이가 지긋해도 화투나 노름을 하는 층들이 그런 몰골을 빚어낸다. 그러한 잡답雜沓 속에서도 한갓진 구석을 찾아 두 짝을 얌전하게 가지런히 벗어 놓는 이가 있으니, 미루어 용모容貌의 단정함과 심성心性의 차분함을 짐작케 한다. 그보다 더욱 교양敎養이 쌓인 이는 신을 벗어 부리가 현관玄關 밖 쪽으로 향하도록 가지런히 놓는다. 수양修養이 쌓이고 마음이 넓으며 너울가지가 있는 이는 자기 신은 물론 다른 이의 신들도 한 켤레씩 짝을 맞춰, 나갈 때 편리하도록 신부리를 밖을 향해 줄을 맞춰 정리한다. 신들이 설크러져 있을 때는 몹시 뒤숭스럽고 많아 보이던 것도 이렇게 정리를 하면 별로 많아 보이지 않는 것은, 집안이나 나라의 질서가 잡혔을 때 사람들이 옳은 방향方向으로 말없이 나가는 것같이 조신해 보이기 때문이다.

나는 밖에서 집으로 돌아올 때나 밖으로 나갈 때는 꼭 안신과 바깥신을 따로따로 정리하고, 집에 있을 때도 현관을 드나들 때마다 그렇게 한다. 언젠가 여섯 살짜리 종손녀從孫女가 저희 집 식구들과 함께 왔을 때, 신을 내가 늘 하는 요령으로 정리하게 했더니, 그 다음부터는 말하지 않아도 으레 그렇게 하는 것을 보고, 어릴 때의 습관의 소중함을 느낀 일이 있다.

나는 특히 女子들의 구두 뒤축에 흙이 묻은 채로인 것을 불쾌하게 여긴다. 그 집안의 청결淸潔 상태가 연상되고, 애들이나 남편의 옷에 구김살이 눈에 선하며, 마음의 때를 남에게 보이면서 태연하게 쏘다니는 것 같아서이다. 구두를 닦을 때 삼매경三昧境에 들어 윤을 내고 있으면 차차로 맑아 오는 그 面에서 세속의 진애塵埃를 미진微塵도 볼 수 없게 되는 것이

기쁘다.

사찰寺刹에서 부처님께 배례拜禮하기 위해 대웅전大雄殿 옆문 밖 신방돌 위, 또는 그 아래에 벗어 놓은 신들을 본다. 두 짝이 나란히 얌전하게 놓인 主人公은 그것으로 벌써 공덕功德이 예견豫見된다.

신을 말끔히 닦고 얌전하게 벗어 놓는 것은 마음을 닦는 가장 비근卑近한 비유譬喩이다. 신방돌과 현관은 가정과 사회에로의 마음 다짐의 도장道場이라 하겠다.

(1990)

老人의 권위

6·25 전만 하더라도 이 세상에서 노인老人의 권위權威가 가장 살아 있는 데가 우리나라였다. 아무리 개구쟁이 애들이나 깡패 청년이라도 부당不當한 행동을 했을 때, 머리가 허연 노인이 눈을 부릅뜨고 장죽長竹으로 바닥을 땅땅 울리며 "네 이놈!" 하고 불호령을 하면 반사적으로 쫄찍하여 고개를 움츠리고 두 손으로 머리를 감싸 쥔 채 걸음아 날 살려라 하는 식으로 그 자리를 피했던 것이다. 그 당시 전차電車나 버스에 노인이 올라타면 젊은이나 학생들은 무조건 벌떡 일어나서 자리를 양보讓步했었다.

그러던 것이 6·25 후에는 민심이 유난히 각박해진 데다가 서구西歐의 개인주의 풍조가 물밀듯이 들이밀려, 현재 보다시피 버스의 경로석敬老席에 한다한 젊은이와 학생들이 눈 하나

까딱 안 하고 무슨 명상瞑想에라도 잠긴 듯 눈을 지그시 감고 앉아 있거나, 마치 몹시 밀린 잠에 취한 듯 몸을 등받이에 기댄 채 곯아떨어진 형국을 하기가 일쑤다. 그야 경우에 따라서는 몸이 불편하거나 밀린 잠에서 좀체로 헤어나지 못할 때도 있기는 하리라. 그러나 모든 상황을 손금 보듯 역력히 알면서도 짐짓 모르는 체 그 자리를 차지하고 있다는 것은 애초부터 금역禁域을 침범한 것이니 어떠한 변명도 성립될 수 없겠다.

사실 요새 젊은이들은 행보行步가 자유롭지 못한 노인들이 때로는 남의부축을 받아가며 버스의 계단을 겨우 오르자 어디 앉을 좌석이 있나, 또는 어느 누가 혹 자리를 내줄까 요행수를 바라는 눈길로 여기저기를 겅터더듬어 찾는 모습을 보고는, 왜 저러한 처지에 국으로 집에 가만히 들어앉아 있을 것이지 저리 벌싼을 해 다른 사람들에게 애긍哀矜한 느낌을 갖게 하는가 딱하게 여길는지 모르겠다. 단순한 논리로는 그도 그러한 일이다. 그러나 그 노인들이라고 결코 편안하다고 할 수 없는 전차나 버스 같은 교통수단을 무슨 취미라든지, 나아가서 혹여 건강健康을 구축構築하기 위해 소일로 그렇게 타지는 않을 것이다. 자손이 없이 홀로 또는 단 둘이서 살거나 설혹 자녀가 여러 남매라도 각기 떨어져 살아 손자들에게 가붓한 심부름 하나 시킬 형편이 못되는 처지에, 함께 사는 반려자伴侶者의 급작한 몸 불편으로 손수 약이라도 구하러 가든가, 그렇지 않다 하더라도 입맛이 떨어져 피차 먹지 못할 때 내외간 궁리

끝에 입에 당기는 그 무엇을 구하러 시장市場으로 가는 길일 수도 있겠다. 또는 그 아양과 재롱이 눈에 선하여 자기도 모르게 손주 녀석들을 보러 나섰을 수도 있지 않을까? 어떻든 이유理由 없는 행동은 아닐진대 덮어놓고 눈살을 찌푸릴 것이 아니고, 어떻게든 불편을 덜어드릴 생각을 앞세울 것이 급선무라 여겨진다.

그야 모든 것이 제대로 돌아가는 세상이라면 그러한 딱한 일이 벌어질까마는, 요새처럼 제주도 같은 데로 명색 효도孝道 관광을 빙자하고 늙으신 어버이를 어느 지점地點에 내려놓고 잠깐 기다리라 한 채 행방을 감추는 불효자不孝子, 그래도 설마 우리 아들이 하고 해가 지도록 고개가 빠지게 기다리다가 그제서야 영문이 짐작되었으나, 그래도 그런 실상을 에누리 없이 세상에 털어놓으면 혹여 자식에게 누가 끼쳐질까 끝내 입을 다무는 어버이 마음을 뒤로, 가뭇없이 이민移民을 가는 그런 무리들이 있는 한, 우리는 생각 자체를 크게 돌릴 필요가 있다.

우리가 일제 36년간 정신적 물질적 온갖 착취를 당하고, 8·15 광복光復 뒤 몇 해 안 있다 들이닥친 6·25 큰 전쟁으로 전 국토가 폐허廢墟가 된 속에서도 오랜 세월 물려 내려오던 보릿고개를 청산하고, 오늘처럼 보아란 듯이 살 수 있게 된 것은 지금은 그 모습이 그토록 보잘 것 없이 돼버린 바로 그분들의 나름대로의 노력의 결정結晶의 덕이 아니겠는가? 그러한 견지에서 본다면 지금의 老人들은 정도의 차이는 있다손치더라도 하나같이 오늘을 있게 함에 직간접으로 참여했던 은인恩人들이라 아니할 수 없다고 본다.

그렇거늘 요새 젊은층은 곧잘, 그 노인들은 아예 타고날 때부터 그런 몰골이었을 것이라 착각을 하고, 끝없는 걸거침의 존재로 못 마땅히 여기려 들기가 일쑤다. 원인과 경위經緯가 없이 기적奇蹟같이 가져와지는 결과는 있을 수 없는 일이 아닌가. 그야 오늘날에도 우리가 직접 볼 수 있듯이 자기 욕심만을 채우고 국가 사회에 어떠한 도움은커녕 커다란 폐를 끼침으로써 모든 이의 눈살을 찌푸리게 하는 존재도 있을 수 있겠다. 그런 이들은 나름대로 이미 업보業報를 받고 있을 것이기, 우리의 소임所任은 무조건 적덕積德을 함으로써 또 하나의 덕德을 쌓는 길을 닦도록 할 것이다.

그런데 오늘날은 금력金力과 권력에 완력腕力이 횡행하고, 그것들이 상승相乘하여 온갖 부조리를 자아내 나라를 피폐하게 하고 있다. 金力, 권력은 文民 시대가 열림으로써 해결될 것을 기대하지만 문제는 완력腕力이라 하겠다.

완력이란 것은 젊었을 때 가장 왕성하다가 나이를 먹음에 따라 차차로 쇠퇴해 가지만, 지력知力이라든지 인격人格은 그것이 쌓일수록 점점 왕성해져 사람들의 존경을 받게 된다. 그러나 지력이나 인격의 항구적인 가치價値를 도외시하고 단지 한시적인 완력을 마치 영구永久한 것으로 착각해 만사를 그것으로 해결하려 드는 것이 작금昨今의 우리 사회의 풍조가 아닌가 여겨진다. 그래 어려서는 매가 무서워 부모父母에게 복종하다가 차차로 완력이 생기면 뻣뻣이 대들고, 걸거침이라 여겨지는 모든 것을 주먹으로 해결하려 든다.

이러한 풍토 아래서 노인老人의 권위가 그전처럼 다시 살아날 수는 없는 일이다. 가령 찻간에서 노인老人이 나무라면 당장 "뭐요, 무슨 잔소리야!" 하고 팔뚝을 부르걷고 드리댈 때, 대개의 노인은 그만 쑥 들어가고 말게 된다. 이때에 혹 더 큰 완력이 들어서서 "무슨 잔소리냐!" 하고 저지하면 당장에 굴복할지 모르나 그 순간의 굴욕감이 앙금으로 쌓이어 복수의 기회를 가슴에 품게 된다. 따라서 그때의 굴복은 어디까지나 하나의 방편일 뿐 근본적인 해결이라고는 할 수 없다. 옛사람들은 마음으로 굽혀 따르는 것이 참다운 복종이라고 하지 않았던가.

고려시대에 시작하여 조선조朝鮮朝에 크게 보급된 향약鄕約은 각 고을이나 동리에서 서로 지켜야 할 규정을 자치적自治的으로 정해 실천했던 규약이다. 거기에는 벌하는 규정까지 세밀하게 정해져 있는데, 심할 때에는 그 고장에서 다른 곳으로 내쫓기도 하였다.

법의 그물은 뚫을 수 있으나 고장 사람들의 눈은 피할 수가 없으므로 향약의 권위는 절대적이었고, 그 권위를 집약해 지닌 존재가 노인이었다. 그러한 전통의 남은 숨결이 그전까지 살아 있던 노인老人의 권위였다.

노인老人을 존중하고 노인의 권위가 다시 살아나는 날 우리 사회社會는 자식이 어버이를 외면하거나 버림 없이, 우리 노인老人들이 했듯이 그리고 그 자신自身의 노후老後를 위해서도 응당 끝까지 깍듯이 모시는 보본報本의 '정상正常' 상태로 되돌아가, 生을 받은 모든 이가 내리사랑으로 애지중지愛之重之 자식을 키우고, 마음 놓고 여생餘生을 보낼 수 있는 건전한 사회가 다시 열릴 것이다. 그리하여 세계에 대해 우리의 전통적인 권위를 당당히 자랑하고, '빛은 동방으로부터'라는 말과 같이 그들의 모범이 되는 나라가 될 수 있게 될 것이다.

(1993)

젓가락

우리는 젓가락을 쓰는 민족民族이다. 고정된 사지창四枝槍으로 목적물을 마치 작살로 물고기를 찍어 올리듯 찍어서 먹는 포크 民族과는 근본적으로 다르다. 젓가락으로 큰 것은 큰 것대로 작은 것은 머리카락이나 겨자씨까지도 가려서 집을 수 있다.

뉴욕에서 있었던 일이다. 어느 가게에서 미국인이 라면을 시켜 왔는데, 포크가 아닌 젓가락을 곁들여 어찌할 줄을 모르고 쩔쩔매고 있었다. 그때 마침 가게로 들어서는 나를 보자 구세주라도 만난 듯, 이것으로 어떻게 먹느냐고 했다.

우리가 늘 쌍 하듯 젓가락의 중턱보다 좀 아래쪽을 엄지와 검지로 잡고, 두 가락 사이에 장지長指를 넣어 검지와 장지로 바깥쪽의 젓가락을 자유자재롭게 열었다 닫았다 하며 목적물을 집기도 옮겨 놓기도 하는 동작의 시범示範을 해 보였다. 그러나 검지나 장지만을 움직이는 동작이 되지 않고, 모든 손가락이 동시에 펴졌다 오므라졌다 하니 젓가락질이 제대로 될리 없다. 그래 한참 승강이를 벌이다가 결국 젓가락질에 채 익숙지 않은 우리네 애들이 하듯, 젓가락 끝에 국수를 끼어 주먹으로 젓가락을 막 쥐고 간신히 먹은 것이었다. 그들이 우리가 젓가락질을 유연柔軟하게 하는 것을 무척 신기롭고 감탄스런 눈으로 보는 것은 당연한 일이다.

젓가락의 미세微細한 작동은 두뇌頭腦 발달에 직결이 되어 주판을 잘 놓고 암산도 잘 하며, 여자들은 수繡를 잘 놓는다. 우리가 기능技能올림픽에서 몇 번씩 연속 우승을 하는 까닭이 거기에 있다. 손이 북두갈고리 같은 그들은 손가락의 동작이 몹시 굼떠 나사를 조이거나 푸는 동작도 우리처럼 재빠르게 하지 못한다.

우리 내외는 해외여행을 할 때마다 각국 각 고장에서 파는 자그마한 찻숟가락과 동전을 모으는 데 취미를 붙였다. 중동中東과 아프리카를 제외하고는 다 다닌 덕에 찻숟가락과 동전이 많이 모였다.

아직 나무 함지박을 쓰던 시절에 구입購入해서 서슬이 채 닳기도 전에 쩍 갈라진 금이 갈수록 벌어져 그릇 구실을 하지 못하게 되었을 때, 그런 것을 전문으로 고치는 데다 맡겨 감쪽같이 복원復元시켰다. 전체를 고루 물에 불려 틈이 자연스레 아물려졌을 때 금 이쪽저쪽에 통송곳으로 구멍을 뚫고 솔뿌리로 탄탄하게 꿰맨 것이 이리저리 무늬를 이루어 한결 운치韻致까지 있게 된 것이다. 벽과 이질감異質感이 없이 잘 어울리도록 거의 검게 보일 정도로 짙은 다갈색茶褐色 융단을 둥글게 오려 바닥에 깔고 가운데다 각국의 동전銅錢을 소복이 그러모아 올리고, 그 둘레에 해바라기 꽃잎처럼 찻숟가락을 크고 작고 길고 짧은 것을 엇갈아 가며 둥글게 돌려 늘어놓으니, 마치 하나의 예술품藝術品과도 같이 되었다.

그 무렵 골동骨董에 조예造詣가 깊은 친한 스님이 그것을 보고, 고려高麗시대의 수저 한 벌을 갖다 주셨다. 검게 변한 놋수저는 길이가 지금 것의 거의 한 배 가웃이나 되는데, 숟가락 잎은 연잎과도 같이 길둥글고 바닥이 움푹하게 패어 마치 지금의 화학 시약용試藥用 스푼과도 같이 생겼다. 저렇게 긴 수저로 거북상스러워 어떻게 음식을 먹었을까 하는 생각이 들 정도다.

이런 이야기가 있지 않은가. 저승에서는 그보다도 더 길어 마치 긴 장죽長竹과도 같은 수저를 쓴다고 한다. 그것으로 음식을 먹으려면 옆사람에게도 걸거침이 되기 쉬워 조심스럽고 부자유스럽기 짝이 없을 것이다. 지옥에 가 보니 각자 그것으로 되도록 많이 정터듬어 먹으려고 아귀다툼에 쌈박질 까지 하는 것이 아닌가. 혀를 끌끌 차고 이번에는 극락엘 가보니, 그 긴 수저로 몹시도 정답고 평화스럽게 먹고 있지 않은가.

자세히 보니 서로 떠 먹여 주고 있더란다.

조선시대의 수저는 길이가 지금처럼 다루기에 알맞고, 숟가락 잎은 둥글고 평퍼짐하게 생겼다. 그것은 그릇에 잘 어울리게 한 것이다. 놋주발이나 대접, 사기 밥그릇, 보시기, 종지 등속이 숟가락으로 음식을 떠먹기에 알맞게 둥글게 되어 있기 때문이다. 서양식 스푼으로 죽을 떠먹으려면 둥그스름하게 휘인 바닥에 뾰족한 끝으로 제대로 훑어 떠먹을 수가 없는데, 우리의 숟가락은 밀착이 돼 부신 듯이 깨끗이 먹을 수가 있는 것이다. 우리 그릇의 바닥이 서양 것처럼 직각으로 꺾이지 않은 까닭이 거기에 있는 것이다.

우리의 상은 제상祭床을 제외하고는 판板 둘레에 최소 숟가락총 폭만큼의 운두가 둘려 있다. 그것은 첫째 그릇이 미끄러져 떨어지지 않게 함이요, 둘째는 거기에 걸쳐 놓은 수저를 신경 안 쓰고 집어 올려 쓸 수 있게 하려는 배려配慮에서다. 얼마나 합리적인가.

둘레에 운두가 도두룩하게 둘리지 않고 막 끊긴 식탁食卓은 그릇이 미끄러져 떨어지기가 일쑤고, 수저 굄을 따로 놓아야 수저를 편하게 집을 수 있다. 우리식 숟가락으로는 직각으로 꺾인 그릇 바닥의 음식을 고루 훑어 먹을 수 없는 불편은 우리의 둥글넓적한 전통을 단절시키고 서양식 모난 제도를 직수입한 데 있다는 사실 자체를 모르는 현대인의 무딘 생각이 우리 조상들의 예지叡智에 얼마나 부끄러운 사실인가.

생활의 편리를 위해 공기 공해公害, 물 공해, 토질 공해, 식품食品 공해를 가져오는 총체적 자연 파괴 현상은 대립과 분석을 원리로 삼고 있는 서양식 과학科學의 소산이니, 자연과 인간의 일체화와 화협和協을 기조基調로 하는 동양 정신이야말로 자연과 인간이 공존하는 길이라겠다.

기계에 의지해 크나큰 재해災害를 무릅쓰는 것보다 인류의 지혜를 평화롭게 여는 젓가락 문명은 달 속의 계수나무와 토끼, 떡방아의 낭만浪漫을 꿈으로 인간다운 인간 사회를 회복恢復시킬 것이다.

(1997)

보자기

책보라는 말이 있다. 지금으로 치면 책가방이라 하겠다. 그전에는 시골 학생들로서 가방을 가진 사람은 거의 없었고, 대개 책을 보자기에다 싸 가지고 학교엘 다녔다. 남자는 책보를 오른쪽 어깨에서 왼쪽 겨드랑이 밑으로 걸쳐 등 뒤에다 걸머지고, 여자는 한팔로 얌전히 받쳐 들고, 간혹 옆구리에 끼고 다니기도 했다. 그것은 서당書堂에 다니는 사람들이 겨드랑이에 끼고 다니던 습관에서 왔는지도 모를 일이다.

그러나 지금은 아무리 시골 학생들이라 하더라도 거의 가방들을 가지고 다닌다. 그런데 그 가방에 문제가 있다. 요새는 학교 급별級別이 높아질수록 교과서 외에 참고서와 학습보조자료의 부피가 두꺼워져서 그것만으로도 몹시 무거운데, 가방 자체의 무게가 가중加重되어 중고등학교의 남녀 학생들의 어깨는 거의 한쪽이 올라가 버렸다. 그래서 초등학교에서는 등에 지는 가방을 권장하고 있지만 철저하지가 못하다.

보자기는 그 자체의 중량은 거의 문제시되지 않을 만큼 가볍고, 어떠한 형태의 것이라도 쌀 수 있어 편리하다. 가방은 그 내부의 공간이 제한되어 있는 데 비해 보자기는 능소능대能小能大한 포용력包容力을 지니고 있다. 그리하여 바다는 잔 시냇물을 가리지 않고 다 받아들여 그렇게 크다는 말과 같이, 보자기는 둥근 것, 모난 것, 긴 것, 짧은 것, 두꺼운 것, 얇은 것, 못 생긴 것, 잘 생긴 것 등을 가릴 것 없이 무엇이나 쌀 수 있다.

보자기는 하늘처럼 넓은 마음 같기도 하다. 병아리를 품안에 품고 있는 어미닭같이, 많은 가족을 거느리고 모든 것을 꾸려가는 어머니의 마음같이 넓다.

오질꼬질하고 잡스러운 것도 보자기로 탁 덮어 놓으면 아주 정연하고 마음이 가라앉게 된다. 어머니의 마음도 이처럼 넓게 모든 것을 감싸고, 그 밑바닥에는 저리고 괴로운, 온갖 갈등이 있을지라도 아무 일 없는 듯이 잔잔한 바다의 수면水面과도 같은 것이다.

보자기는 때로는 아낙네의 머리쓰개가 되고, 앞치마도 된다. 그런가 하면 땅 위에 살짝 펴서 그 위에 앉을 수 있는 자리나 깔개 노릇도 한다.

귀를 맞추어 물건을 두루루 말아 가운데를 질근 동이고, 양쪽 귀에 끈을 잇대어 가운데 매끼에 동여매어 짊어지고 나서면 묏산山자 모양의 괴나리봇짐이 된다. 가붓한 차림의 길손들에겐 필수적인 것이었다. 그러나 그것은 어디까지나 한복韓服에 어울리는 것이요, 양복에는 손가방이 더 어울리는 것은 조화調和의 미美에서라고나 할까.

내가 근무하는 대학에서 20여 년을 근속하다 이미 정년퇴임하신 K교수는 손에 가방을 드신 적이 한번도 없었다. 늘 보자기에 책을 싸 가지고 다니셨다. 다만 그 보자기가 매우 고급이어서 그것만 보아도 마음이 가라앉고 아취雅趣가 풍기었다. 또 모 신문의 논설위원을 하고 있는 Y씨도 보자기의 애용자다. 그는 각종 스크랩북, 서적, 팜프렛, 그날의 신문 등 사설社說 자료가 될만한 것은 휘뚜루 이 보자기에 싼다. 보자기도 수수한 데다가 되는 대로 묶어 매우 실질적인 느낌을 풍긴다.

이야기를 잘 하는 사람이 이야기를 펼치기 시작하는 것을 이야기보를 터뜨린다고 한다. 여러 가지 재미나고 구수한 이야기 자료를 사설 자료 보따리처럼 가슴 속에 꾸려 두었다가 하나하나 펼쳐내기 때문이다.

보자기는 필요한 것도 싸지만 보기 싫은 것, 보이기 싫은 것을 가리기도 한다. 예전에는 과수댁한테 보자기를 씌워 뒤로 업고 도망을 했다고고 한다. 일종의 약탈혼이다. 이때의 보자기는 피차의 체면을 가림으로써 정당화시킨 것이라고나 할까. 따지고 보면 도둑도 그 체면 때문에 얼굴을 보자기로 가리는 것이리라.

한 때 결혼 예식장 선물용으로 보자기가 날개 돋친 적이 있었다. 지금도 무슨 행사의 기념으로 보자기를 내는 일이 있다.

그림이나 글씨까지 곁들인 품위 있는 보자기는 앞으로도 우아미優雅美를 가지고 그 간편하고, 무한대한 포용성을 두고두고 발휘할 것이다.

(1979)

피삶죽

지금 젊은이들에게는 먼 옛날이야기처럼 들리는 보릿고개라는 말이 있다. 한자로는 '맥령기麥嶺期'라고 쓴다. 묵은 양식 똑 떨어지고 햇보리는 아직 나오지 않아 굶기를 떡먹듯이 하는 시기를 이르는 말이다. 어려운 시기를 넘기 어려운 고개에 비유하여 그렇게 일컬었던 것이다.

보릿고개가 아니라도 넉넉지 못한 농촌 사람들은 항용恒用 영하 20도를 오르내리던 겨울이 지나 해토解土 머리가 되면 봄기운에 치밀리어 땅 갗을 뚫고 움 솟아나는 냉이를 꼭두로 씀바귀며 쑥에 이어 질경이, 혼닙(화살나무잎), 청미랫순, 두릅, 으아리, 삽주, 원추리, 고사리, 고비, 취 등이 퍼져가는 햇살에 따라 가지 수를 불려 간다. 소녀들은 이들 들나물 산나물을 용케 가려 순식간에 한 종댕이(종다래끼)씩 해다가 반찬이며 죽을 쑬 때 보태 먹게 한다. 이런 면에서 우리 농촌의 아낙네와 소녀들은 식용 나물을 가려내는 데 세계에서 가장 천재적인 소지素地를 지니고 있다 하겠다. 이는 대대로 보릿고개를 넘기 어려웠던 데서 빚어진 버리고 싶은 유산 중의 하나이리라. 그렇더라도 그것이 단지 허기虛飢를 끄고 나아가서는 만복감滿腹感을 자아내는 데 적지 않은 공헌을 했을 뿐 아니라 당시의 비타민 C의 무료 공급원이었으며, 어느 정도 영양 섭취에 보탬이 됐으리라 여겨진다. 그런데 여유 있는 이들은 그 중에 특히 나무순이 아닌 풀잎 나물을 말려 두었다가 음력 정월 보름날 오곡밥을 짓고 그것을 묵은 나물이라 하여 물에 불려 삶아 반찬으로 곁들였다. 흉년을 구하는 데 쓰인 이들 구황救荒 나물들은 요새도 당당히 토속미土俗味를 풍기는 운치 있는 식품으로 자리를 바꾸었다. 보리밥에 산채야채山菜野菜가 흰밥과 고깃국에 인이 박힌 도시인들에게는 특별식으로 대단한 환영을 받으니, 겨우 연명延命의 수단으로 쓰였던 그 날을 생각할 때 실로 금석지감今昔之感이 있다.

'샛별 지자 종달이 떴다.'로 시작되는 고시조古時調 속에 읊인 밭갈이가 시작되면 쟁기의 보습 바닥을 타고 미끄러져 넘어가는 거무칙칙한 흙밥에 희끗희끗 섞여 나오는 젓가락 굵기만한 흰 메뿌리는 날로 먹어도 달콤한 맛이 나, 사내아이들은 갈아 나가는 밭이랑 뒤를 따라가며 그것을 줍느라 법석이다. 메뿌리는 쪄먹어도 제법 달아 요기療飢도 된다.

소나무에 물이 올라 새순이 유록색柳綠色으로 피고 송화松花가 가루를 날릴 어름이면 아낙네들은 무릇을 캐다가 곤다. 그때 소나무 어린마디를 잘라 겉껍질을 벗기고 둥굴레를 곁들여 함께 찌면 맛이 서로 어울려 무릇의 아린 맛이 한결 앤다. 소나무 마디는 송기松肌라 하여 애들이 하모니카 불듯 입에다 대고 좌우로 훑으면서 속껍질(송기)은 검을 씹듯 질겅질겅 씹어 뱉고, 하얀 속대는 걸신乞神들린 듯 아래위 잇사이로 연방 미끌어뜨리면서 댓속에 스며 있는 달콤한 그 한 방울까지도 겅터듬어 빨아 댄다.

무릇에 송홧가루를 치면 한결 맛이 둥그러워지는데 송홧가루 대신 콩가루를 섞어도 괜찮다.

그러는 동안 감자가 나면 감자를 쪄서 끼니를 때우기도 했다. 초바람에는 감자를 그냥 쪄서 껍질을 벗겨 먹다가 나중에는 껍질을 벗겨 쪄먹게 되었다. 껍질 채 찌면 껍질의 아린 맛이 감자 솟으로 스며들어 종종 두통이 일어났기 때문이다.

옥수수가 익을 때가 되면 옥수수와 감자를 함께 찌기도 하고, 밀가루를 반죽해서 동글납작하게 개떡을 찌기도 한다. 개떡이란 말은 개살구니 개나리니 할 때와 마찬가지로 가假짜 떡이란 말이다. 개떡에는 보리개떡, 밀기우리개떡도 있다. 보리개떡은 통보리쌀을 맷돌에 탈 때 생긴 가루로 만든 개떡인데 통보리쌀의 옴폭한 홈에서 떨어져 나온 길찍한 속겨가 섞여 거칠고 입안을 꼭꼭 찌르기도 해서 먹기가 어렵고 맛도 별로 없다. 밀기우리개떡은 맷돌로 밀을 갈아 가루를 체에다 치고 남은 밀기우리로 만들어 팍팍하고 목이 메지만, 느럭느럭 씹고 있노라면 제법 단맛이 우러나와 나름대로 먹을 만하다. 그러나 역시 가장 맛이 있는 개떡은 밀개떡이다. 그런데 호밀개떡은 보리개떡 다음으로 맛이 없고, 참밀개떡이라야 한다. 그리하여 옛사람들은 나들이할 때 호박잎에 찐 밀개떡 몇 조박(조각)만 괴나리봇짐 속에 싸 넣고 길을 떠나면 끼니 걱정은 할 필요가 없었다.

진밭에 조를 심으면 무솔아서 자라질 못한다. 그런 데엔 피를 심어야 한다. 피는 생활력이 왕성해서 벼에 섞여 나면 그것만이 유난히 걸차게 자라 오른다. 조는 알을 떨어서 절구에 찧으면 좁쌀이 되지만, 피는 아무리 찧어도 속꺼풀이 뺀들뺀들해서 요리 미끌 조리 미끌 좀체로 찧어지지 않는다. 그러기에 피는 겉피를 쪄 말려서 찧어야 한다. 찌면 수분이 스며들어 껍풀이 입을 벌이게 되고, 그것을 말리면 속알맹이가 자위가 떠서 꺼풀이 쉽게 쓸린다. 그리하여 핍쌀은 일단 익은 것이므로 그것으로 밥을 지으면 끈기가 없다. 그러므로 핍쌀만으로 되직하게 밥을 하면 오르르 헤지고, 소화도 잘 된다. 그래 기운없는 사람을 보고 사흘에 피밥 한 그릇도 못 먹은 사람 같다고 한다.

그런데 이 피도 채 다 여물기 전에 먹을 것이 없으면 익은 이삭만 골라 잘라다가 떨어서 대강 말린 다음, 겉피채로 맷돌에다 간다. 절구확에서는 아무리 매끌거리던 피알이라도 맷돌에다 넣고 가는데는 꼼짝없이 꺼풀이며 알맹이가 함께 가루로 될 수밖에 없다. 이것을 물에다 멀겋게 풀고 늙은 호박이며 감자를 썰어 넣고 끓인 것이 피삶죽이다. 이 죽의 빛깔은 꺼멓고 씹을 때마다 연방 찌걱찌걱한다. 가루로 갈린 겉껍질이 씹히기 때문이다. 피삶죽은 우리나라 식품 중에서는 최하급에 속한다 하겠다. 그러기에 국어사전에도 올라 있지 않고, 도시인의 미각을 돋구는 식품으로 각광을 받지도 못하는가 보다.

요새 도시 아이들은 햄이니 소시지 같은 서양 취향의 식품을 좋아하고 김치니 깍두기, 떡 같은 전통적 음식을 소원疏遠히 여기는 경향이 있는데, 이것은 이른바 핵가족核家族제도에 따른 부작용이라 하겠다. 할아버지, 할머니, 부모 밑에서 크면 그 집안 나름대로의 전통 음식에 젖게 될 것인데, 젊은 내외가 따로 나 살면 손쉽게 기성 식품 쪽으로 흘러 자녀의 식성향이 아주 바뀌게 되는 것이다.

한편 요새 젊은 세대들은 우리가 단군 이래 이렇게 풍성을 누리는 것으로 착각하고 기성세대의 몸에 밴 절약 정신을 인색으로 그릇 착각하기가 일쑤다. 외화내빈外華內貧으로 빚을 내서라도 30代에 큼직한 집에 자가용까지 갖추려고 조바심하는 이들에게 피삶죽의 이야기가 먹혀 들리 없다.

덴마크의 호텔 식당에는 반드시 시커먼 보리빵이 갖추어져 있다. 그들의 조상이 보리빵을 먹으면서 국토를 개발한 그 노고를 잊지 않기 위해서란다. 일제日帝 암흑기의 압박과 광복 후의 혼란, 6·25 전란, 그 뒤 몇 차례의 혁명을 거치면서 무無에서 유有를 생성해 낸 선배들의 노고는 아랑곳없이 사소한 불편도 큰 불평으로 확대하고 기성세대와는 세대 차이가 나 말이 안 통한다고 거방을 떠는 사회풍조를 겸손과 검소 절약으로 대회전大回轉을 시킬 때 가정이나 나라가 견실堅實하게 번영할 것이다.

피삶죽의 옛 삶을 어찌 잊을까보냐.

(1986)

4부

洗劍亭에 살며

心掃

언덕 위의 하얀 집

아침 등산

붓 가는 대로 생각나는 대로

雪山을 바라보며

洗劍亭에 살며

내가 이곳 세검정 동네로 이사를 온 지도 벌써 10년이 넘었다. 처음 이곳에 왔을 때는 여름밤에 반딧불이 정원으로 날아들어 반갑고도 신기했었다. 그러던 것이 2, 3년 지나는 동안에 자취를 감추고, 그런 얼마 뒤에는 승가사僧伽寺 쪽에서 흘러내려오는 개천도 복개가 되고 말았다. 이어서 구기 터널이 뚫리고 자동차의 왕래가 빈번해졌다.

8·15 직후만 하더라도 효자동에서 자하문紫霞門 고개를 넘어서면 양편 비탈진 곳 숲 사이로 드문드문 보이는 하얀 회벽의 집들이 전원田園의 정취를 자아내고, 가을이 이슥할 무렵이면 잎을 벗은 감나무 가지 끝에 다닥다닥 붙어 있는 주홍빛 감들이 햇빛에 이글거렸다.

포장이 되지 않은 민땅의 신작로를 한 식경쯤 걸어 내려가면, 수천, 수만 년 동안 물에 씻겨, 마치 음력 선달 그뭄께 떡메로 떡을 칠 때 안반 위에 이불을 개키듯 물을 발라 접어놓은 흰 떡의 모태처럼 반드럽게 닳은 하얀 화강석 바닥 위를 옥수玉水같은 물이 좔좔 흐르는 시내에 부딪치게 된다.

징검다리를 건너 오른쪽으로 가면 물가에 얌전하게 깎아 세운 네모진 돌기둥 받침 위에 丹靑도 산뜻한 자그마한 정자가 인사를 하듯 반기는데, 그것이 바로 세검정이었다.

그 물줄기를 다시 거슬러 올라가면 물이 두 갈래로 갈라져 들어오는 合水點이 나오고, 왼쪽 물줄기를 타고 잠시 올라가면 종이 뜨는 공장이 있었다. 그리고 길들도 골자기로만 이리저리 이어져 있을 뿐, 지금처럼 터널 같은 것이 없어 문자 그대로 심산유곡深山幽谷이었다.

그러던 것이 지금은 탄탄대로가 죽죽 닦이고 북악터널이며 구기터널이 뚫려 있어 정릉이며 불광동을 삽시간에 오갈 수 있게 되어 있다. 6·25때 불타 다시 세워진 세검정 정자 밑으로는 옥수대신 시커먼 물이 흐르며, 자하문까지의 양쪽 비탈에는 크고 작은 집들이 빽빽이 비집고 들어앉았다.

옛사람은 자연 속에서 자연을 가꾸며, 자연에 동화되어 자연이 곧 나이며, 내가 곧 자연인 생활을 해 왔거늘, 어찌하다 요즘 사람은 발길이 닿는 곳이며 머물러 사는 곳마다 파괴와 오염을 시켜가는 것인가.

낮과 밤을 쉬지 않고 터널을 향해, 또는 터널 쪽에서 달려오

가는 크고 작은 온갖 자동차들은 이 태고의 자연 속에 배기개스만 뿜어 대면서 사라지고 있으니, 달리는 이는 편할지 모르나 이곳에서 살고 있는 이들에게는 몹시도 달갑잖은 선물이다. 현대문명이란 과연 이렇게 늘 정부正負 양면을 동시에 지녀야만 하는 것인가. 생각해 보면 우리 집 정원에 다니던 반딧불도 결국 이러한 달갑잖은 선물에 밀려간 것이다.

하와이 큰 섬의 볼케노화산이 폭발했을 때 동물들은 그것을 미리 감지하고 다 피했는데, 식물들은 꼼짝 없이 용암이며 화산재를 선 채로 뒤집어 쓸 수밖에 없어, 타거나 말라죽었다고 현지의 안내자가 말했다. 사람은 분명 움직인다는 점에서 동물의 범주에 들지만 그들이 안주하고 있는 집은 마치 식물과도 같이 한군데 붙박혀 있는 것이다.

물론 여름철에 온 가족을 태우고 뜻 맞는 곳을 찾아다니며 며칠간씩 묵을 수 있게 꾸민 자동차 같은 이동주택이 없는 바는 아니지만, 그것이 일반적인 주택 형태일 수는 없는 것이다. 그러기에 사람들이 살고 있는 집은 마치 식물과도 같이 그 자리에 붙박힌 채 싫건 좋건 환경의 영향을 받을 수밖에 없는 것이다. 그리하여 나쁜 영향이 심해지면 다른 곳으로 이사를 가게 된다. 그러나 이사가는 것도 그렇게 쉬운 것은 아니고 보면, 결국 어떻게든 스스로의 방어책을 강구할 수밖에 없는 일이다.

다행히 내가 사는 집에는 담 밖에 느티나무 두 그루가 있고,

울안에는 자귀나무, 향나무, 라일락, 사철나무, 단풍나무를 비롯하여 불두화, 백목련, 회양목, 무궁화, 개나리, 진달래, 철쭉, 오동나무, 후박, 장미, 해당화가 있으며, 유실수有實樹로는 대추나무, 앵두나무, 산수유가 있어, 늦은 봄부터 가을까지는 소음을 막고 공기를 맑게 해주는 데 단단한 몫을 한다.

그 중에서 가장 공헌이 큰 것은 키가 지붕을 넘고 가지와 잎이 무성한 느티나무요, 다음은 백목련과 오동나무, 자귀나무다. 더구나 아래층 서재에 들어앉아 있을라치면, 느티나무와 목련이 푸른 천막을 쳐 태고의 정적과 맑은 공기를 쉴 새 없이 공급한다. 10여 년 세월에 늠실늠실 자란 나무들이 집을 에워싸 한결 아늑한 감을 주는 것도 고마운 일인데, 이렇게 공해에서 보호까지 해주니 얼마나 대견스러운 일인가.

나무는 심어 놓으면 자라게 마련이다. 그러나 어떤 것은 혹심한 겨울 추위를 이기지 못해 동상에 걸리거나 죽기도 한다. 거름이며 물관리, 약뿌리기도 필요하지만 토질 관리도 매우 중요하다. 브라질에 가보면 흙이 붉은 벽돌색인데 나무들이 미끈미끈하게 자라지 못하고 꼬불꼬불 올라갔다. 토질이 산성이기 때문이다. 그러기에 거기서 농사를 지으려면 우선 질소 비료로 토질을 중화시켜 놓아야 한다는 것이다.

같은 브라질이라도 아마존강 유역은 고온다습한데다 토질이 기름져 나무들이 죽죽 자라 오르고 꼬불꼬불한 현상은 눈에 뜨이지 않는다. 우리나라 농토도 많이 산성화해서 객토客土나

시비施肥로 토질을 개량해야 한단다.

이런 손질 외에도 전지剪枝를 잘해 주어야 한다. 서로 얼크러져 공기가 잘 통하지 않고, 한쪽으로 치우치게 자라 모양새가 좋지 않은 것은 가지는 쳐 주어야 한다. 전지를 할 때 나는 한자漢字의 구조를 가끔 연상한다. 가령 수풀 림林자를 보라. 나무 목자가 둘이 어울려 이룩된 글자로되 왼쪽 글자의 오른쪽 파임은 점 형태로 퇴축시켜 오른쪽 木 의 왼쪽 삐침과 서로 교차되지 않게 했다. 이 원리는 전지에서도 그대로 적용할 수 있는 지혜라고 생각한다.

전지의 또 하나의 대상은 웃자란 가지 곧 도장지徒長枝다. 이것은 밑동이나 중간 부분에서 돌연히 돋아나 다른 가지의 수십배의 속도로 자라 오른다. 곁가지를 치거나 꽃을 피우고 열매 맺는 일과는 관계없이 나무 전체로 고루 갈 영양분을 겅터듬어 독차지하고 몸 자체는 몹시 허약하게 길게 자란다.

오늘은 개나리와 산수유의 도장지를 잘라 주었다.

(1986)

心掃

나는 아침에 일어나면 으레 비와 쓰레받기를 들고서 대문을 활짝 열어젖히고 밖으로 나간다. 개문만복래開門萬福來라는 입춘구立春句를 믿느니보다도 밤낮으로 꽉 닫혀 있는 도시의 답답을 아침만이라도 시원스레 틔워 줄 심산心算에서랄까. 대문을 열어 놓으면 내 마음의 문이 활짝 열리는 것 같다.

우선 대문 앞부터 쓸어 나간다. 요새는 녹음이 한창이라 가을처럼 낙엽은 없지만, 그래도 일 지는 잎 몇 잎씩은 떨어져 내려와 뒷수습을 기다리고 있곤 한다. 부채를 펴듯 쓸어 나가다가 오른쪽 담장 옆을 쓸어 올라간다. 자귀나무[合歡木] 밑에 다다르면 밤사이 떨어진 꽃송이가 연분홍빛 솜 눈처럼 바닥에 깔려 있다. 아카시아 잎보다 아주 섬세하게 생긴 잎이 해가 지면 경첩이 접히듯 마주 합쳐 '합환合歡'이라는 이름이 붙었는가. 이 자귀나무는 10년 전 이리로 이사왔을 때, 지금은 공직에서 물러나 동네 친목회 대표 노릇을 하고 있는 소학 동창 B군이 사다 심어 준 것이다. 해가 다르게 자라 올라 인제는 담밖 6미터 길을 3분의 2는 위로 건너덮었다. 게다가 요즘은 마치 화려하게 편 공작의 꽁짓깃같은 분홍빛 솜털 꽃송이가 잎 위를 꽃구름처럼 덮어 일대 장관을 이루었다. 78년 11월에 인도엘 갔다가 홍콩에 들렀을 때 이 나무가 눈에 뜨이길래 무엇이라 하느냐 물었더니 중국계 홍콩 사람이 남목南木이라고 했다. 홍콩에서 두루 쓰이는 광동廣東 말에는 [k], [t], [p] 받침이 나기 때문에 우리처럼 '남목'이라고 발음한 것이다. 그 뒤부터 우리 집에서는 이 나무를 南木이라 통칭해 왔고, 지금도 가끔 그렇게 부른다.

자귀나무의 꽃송이를 쓸어 쓰레받기에 담으면 푹신하고 곧 중량감重量感이 있어 제법 막주룩하다. 한창 떨어질 때에는 하루 아침에 몇 쓰레받기씩 쓸린다. 그쪽 쓰레질이 끝나면 이번에는 대문을 왼쪽으로 돈 골목길을 쓸 차례다. 이 길은 아까 길의 절반 너비도 되지 못하지만 사람들의 통행은 새벽부터 밤중까지 끊이질 않는다. 다행히 차車 종류는 거의 다니질 않는다. 그런데 이 길에는 요새 같은 여름철이면 빙과류氷菓類를 쌌던 비닐종이가 심심치 않게 떨어져 있고, 다른 철에는 초컬릿이나 껌 종이가 너더분하며, 빈 담배갑이나 꽁초는 철을 가리지 않고 내 손길을 기다리고 있다. 이 골목 어귀 가까이 구멍

가게며 담뱃가게가 있어, 이런 달갑잖은 전시展示가 연중 무휴로 진행이 되는 것이다.

아까 길은 명색은 콘크리트 길이지만 노면路面이 너무 험하고 면적도 넓어 자귀나무의 낙화落花같은 특수 상황이 아니면 여기저기 떨어진 쓰레기를 밤나무 밑에서 아람 줍듯이 대충대충 쓰레받기에 거둬 담곤 하지만, 이 골목길은 마치 방이라도 쓸 듯 차근차근 쓴다. 우리가 이리로 갓 이사 왔을 때만 해도 포장이 돼 있지 않아 겨울눈이 다 녹으면 까칠한 살갗을 그대로 드러낸 뒤, 나무에 물이 오를 무렵에야 바닥에 윤기가 띠어 보드랍게 되곤 했다. 이 때의 쓰레질은 흙을 들여 길이 반반하게 든 시골 농가의 마당처럼 빗발이 잘 받아 마음까지 보드라워졌었다. 그러다가 여름 장마철을 거치면 모처럼 도톰하게 올랐던 바닥살이 다 씻기고 밑에 숨었던 크고 작은 돌들이 여기저기 모습을 드러내어 노면은 노년기에 접어든 산처럼 험상궂게 변했다. 이렇게 되면 담배꽁초나 작은 쓰레기들은 그 돌 틈에 걸려 잘 쓸리지가 않았다. 화가가 붓끝으로 그림의 끝손질을 하듯이 수수비 끝을 곤두세워 하나하나 후벼내듯 쓸어야 했다. 싸리비나 대비로 대범하게 쓸어서는 살살 빠져 나가기 때문이다.

그러던 것이 어느덧 이 골목길에도 콘크리트 포장의 혜택이 주어져 바닥이 아주 반반하게 되었다. 그 뒤로는 눈이 쌓였거나 비가 오는 때가 아니면 사철 언제나 안방이나 마루를 쓸

듯이 꼼꼼히 쓰는 것이 습관으로 되었다. 우선 길을 반으로 갈라 왼쪽을 먼저 쓸어 간다. 쓰레기가 모이는 대로 쓰레받기에 글어 넣고 하면 비로 쓰는 쓰레기의 양이 크게 부담스럽지 않게 된다. 쓰레기를 비로 끌고 다니면서 쓸어 가는 것은 어리석은 일이다. 한쪽을 다 쓸면 이번에는 나머지 반을 되짚어오면서 쓴다. 늦가을이 되면 담에 서 있는 큰 느티나무와 작은 느티나무에서 매일같이 낙엽이 쏟아진다. 아래층에 함실아궁이가 있을 때에는 그것을 글어 모아 두었다가 군불로 때곤 했었는데, 그 방도 보일러 장치를 하고 나니, 쓸 데가 없게 되었다. 그래 그날그날 쓰레기통 옆에다 글어 모아 놓고 불을 지르곤 했었다. 그런데 화재의 위험도 있고 하여 올가을부터는 아예 쓰레기통에다 집어넣고 불을 지필까 한다. 쓰레기를 쳐 가는 구멍으로 낙엽을 들이밀고 아궁이에 불을 때듯이 불을 붙이면 된다. 쓰레기통의 뚜껑을 열어 놓으면 연기가 그리고 빠져나갈 것이다. 이렇게 하면 쓰레기도 경감되고 쓰레기통 속의 소독도 되고 하여 일석이조一石二鳥의 효과를 거두게 될 것이다.

내 집이 세검정 동네에 있어 겨를만 있으면 아침에 약수터로 산책을 간다. 가는 데 반 시간이 좀더 걸리니까 왕복 한 시간 반을 잡아야 한다. 물은 산 중턱 커다란 바위 밑에서 졸졸 흘러나오므로 공해가 없고 맛이 매우 좋다. 가는 도중에 양로원도 있고, 좀더 올라가면 비구니 사원寺院도 있다. 이 절은 몇 해 전에 대대적으로 수리 증축한 뒤, 커다란 철문을 해 달았다. 평상시에는 꽉 닫혀 있고 통용 협문夾門만이 빠끔히 열려 있다. 조심스러워 그런 면도 있겠지만 어딘지 모르게 닫힌 느낌이 든다. 바깥마당에는 산기슭의 우거진 나무에서 때 없이 잎이며 삭은 가지 끄트러기가 심심치 않게 떨어져 하루도 안 쓸면 정갈한 느낌이 들지 않는다. 그런데 며칠을 두고도 한 번도 쓸지 않는 때가 있다. 여자들의 살림이라 집 안쪽은 깔끔하게 쓸 것이 틀림없으리라. 이른 새벽 마당을 쓰는 싸리비 소리는 그 날의 기분을 몹시도 상쾌하게 해 주는 경음악이라고 하겠다. 별로 쓸 것이 없어도 이 빗소리가 좋아 쓸 법도 하건만, 그렇게 찌꺼분한 쓰레기가 너더분하게 널려 있는데도 쓸지 않는 데는 무슨 사연이 있으리라. 옛 사람은 보기에 깨끗한 마당을 한쪽에서부터 쫙쫙 쓸어 가기도 했다. 마당의 티끌을 쓰는 것이 아니라 마음의 티끌을 쓰는, 심소心掃를 한 것이다.

나는 그 절 앞을 지날 때마다 이 심소라는 말을 생각한다. 그리고 아무리 바쁜 일이 있어도 아침마다 담 밖을 쓸면서, 특히 골목길을 쓸 때에는 이파리 하나라도 누락이 되면 다시 쓸어 마음의 개운함을 느끼곤 한다.

(1984)

언덕 위의 하얀 집

우리가 이 곳 세검정洗劍亭 동네로 이사 온 지도 어언 10년이 되었다.

이사 오던 해 여름, 저녁이 되면 반딧불이 뜰에서 번쩍이며 날아다니는 것이 너무나 전원적田園的이어서 시골 태생인 내 머릿속 깊숙한 곳에 잠잠히 깃들어 있었던 어릴 적 향수鄕愁가 오랜만에 꽃피었던 기쁨은 지금껏 잊혀지질 않는다. 변화의 속도가 몹시 빠른 요새는 10년이란 대단히 긴 기간이었던 듯 그 동안에 북악北岳 터널이 뚫리고, 승가사僧伽寺 골짜기서 흘러내려오는 개천도 복개가 되었으며, 그 위를 거쳐 불광동으로 통하는 구기舊基 터널도 뚫렸다.

복개되기 전 개천가에는 조선 시대朝鮮時代부터 내려오던 닥나무로 종이를 뜨는 공장이 있었다. 해방 전은 물론 해방 후에도 그 공장은 계속 가동되고 있었다. 우리가 이리로 이사 온 뒤 얼맛 동안만 해도, 설령 전처럼 직접 종이는 뜨지 않는다손 치더라도 장판지를 결는 가공은 계속되고 있었다. 포도밭 시렁처럼 얼기설기 늘어세운 나무시렁에 장판지를 하나 그뜩 국수발처럼 걸어 말렸다. 개천 건너 동쪽 산기슭 민틋한 잔디 펀더기에 두부모처럼 가로세로 귀를 맞춰 죽 널어놓은 장판지가 바람이 일면 낙엽처럼 들썩이고, 바람이 더 세게 불면 한쪽 귀가 들썩, 전병煎餠 과자처럼 도르르 말리다가 회오리바람이라도 만나면 모닥불길처럼 한꺼번에 원추형圓錐形을 이루면서 하늘로 빨려 올라간다. 그러다가 음력 정월 대보름날 줄 끊긴 액厄막이 연처럼 이리 너풀 저리 너풀 하면서 아무데나 떨어진다. 이런 어수선이 스쳐 가면 주인은 비바람 뒤에 아람 줍듯, 이리 닫고 저리 뛰면서 멋대로 흐트러진 종이를 주워 모으느라 정신이 없다. 이러한 한바탕의 활극도 이제는 볼 수 없는 지난 일로 돼 버렸다.

승가사로 오르는 어귀까지의 오솔길이 탄탄대로로 바뀌고, 구기 터널이 뚫리더니 큼직한 건물들이 자꾸 들어서 동네의 모습이 일신하고 교통도 훨씬 편리해졌다.

그러나 편리는 왕왕 반대급부反對給付를 가져오는 법, 그렇게 맑던 공기가 그전만은 못하게 되었다. 그야 지금도 자하문紫霞門 안쪽보다는 훨씬 깨끗하긴 하다. 문안에서 안 뵈던 별이 자하문 고개만 넘어서면 보이게 되니 말이다.

더구나 내가 사는 집은 복개 차도에서 꽤 떨어져 있는데다가 큰길가에는 높은 건물들이 들어서 차들의 소음이며 배기가스를 막아주고, 담벽에서 있는 두 그루의 느티나무가 연방 산소를 뿜어 주니 아주 시골만은 못해도 종로구로서는 가위 일등지라 하겠다.

내 집은 평지보다는 조금 높은 경사지에 지은 2층집이라, 위층에서 내다보면 사방이 탁 트여 한여름에도 선풍기가 별로 필요치 않다.

어디를 보나 산들이 철따라 옷을 갈아입고 현신現身한다. 봄의 진달래며 초여름의 신록, 가을의 단풍이며 겨울의 눈경치가 폭폭이 동양화를 이룬다.

봄이 와서 저 멀리 북악北岳 뒤켠에 아지랑이가 아슴프레 가물거리면 동편 산비탈의 거무틱틱한 소나무 사이로 진달래가 수줍게 연분홍 단장을 하고, 이어 밤나무며 도토리나무 같은 활엽수들이 파릇파릇 새순을 돋힌다.

여름철 뒷문을 열어 놓고 식탁 앞에 앉으면 북쪽 산 위의 나무가 길게 자라 올라 사막의 원구圓丘와도 같이 부드럽게 그려진 능선이 보인다. 그 능선 너머에는 낙엽이 푹푹 쌓여 부엽토腐葉土의 무진장한 보고寶庫를 이루고 있다. 한 두어 번 배낭을 짊어지고 식구들과 함께 그것을 채취해다 분갈이를 한 일이 있다. 능선 마루터기에는 탐스럽게 자란 소나무에 둘러싸인 아늑한 자리가 있어 독서하기엔 안성맞춤이다. 능선 이쪽으로는 골짜기가 있고, 그 골짜기를 사철 샘물이 졸졸 흘러내린다. 그러나 간혹 지나는 산책객의 목을 축여 줄 뿐, 여느 곳처럼 무슨무슨 약수니 하여 버젓이 개발되지도 않았다. 그러기에 물줄기 따라 난 오솔길은 갈수록 풀에 묻혀 갈 지경이다. 근처의 이름난 약수터들 사이에 자리한 사각지대死角地帶라고나 할까?

그 오솔길을 걸을 때는 미처 못 보았었는데, 식탁에서 바라다보니 언덕 위에 하얀 집이 한 채 눈에 띈다. 붉은 지붕 밑에 널찍한 벽면壁面이 햇볕을 받아 유난히도 하얗다. 한 식경食頃을 보아도 사람의 그림자는 보이지 않았다. 무엇하는 집일까?

부산釜山 피난 시절, 나는 보수寶水 공원에 판자집을 짓고 살았다. 직장 옆이라서 거기다 자리를 잡은 것이다. 그 산비탈 판자 마을 복판쯤에 나이가 서른쯤은 되었을 남자가 홀로 사는 집이 있었다. 아무도 찾아오는 기색도 없다. 가끔 밖으로 나와 하늘이며 먼 곳을 하염없이 바라보곤 하였다. 무엇을 하는 사람일까? 왜 혼자 살까? 혹 폐라도 나빠 공기가 맑은 이 삼杉나무 숲에서 요양이라도 하는 것일까? 저렇게 뒷바라지하는 사람도 없이 어떻게 영양 관리를 해갈까? 이러한 의문이 꼬리를 이었지만, 끝내 풀리지는 않고 말았다.

보통 인가人家와는 상당히 떨어져 산중턱에 홀로 자리 잡은 저 하얀 집에도 마찬가지 의문과 호기심이 일어난다. 단 6, 7분 거리밖에 안 되는 곳이지만 나는 애써 알아보려고도 안

했다. 모르는 채 상상의 나래를 펴는 것이 낫다고 생각했기 때문이다.

말이 있다. 남의 경치를 빌려 자기 집 것처럼 관상하는 것이다. 벌써 여러 해 전 어느 여름밤에 흑석동黑石洞으로 백철白鐵 선생 댁을 찾은 일이 있다. 응접실 유리창 너머 저 아래쪽으로 펼쳐지는 한강漢江의 야경夜景은 그야말로 홍콩의 그것이 무색할 정도로 시원스럽고 현란했다.

"선생님! 전망이 참 좋습니다."

"그것이 다 우리 정원庭園이죠."

당송팔대가唐宋八大家의 하나인 송宋의 소식蘇軾은 그의 『적벽부赤壁賦』에서 강상江上의 청풍淸風과 산간山間의 명월明月은 다 자기 것으로 차지한다 해도 말릴 이가 없다고 했다.

내 집에도 아래위로 나뉜 정원이 없는바 아니지만, 그보다는 차경借景은 그 몇 배가 된다. 멀리 바라 뵈는 산들의 경치는 차치且置하고, 가까운 둘레에서 그러하다.

2층 현관문을 나서면 바로 눈 아래로 정성들여 가꾸어진 긴 삼각형 정원의 잔디며 온갖 화초, 나무들, 그리고 그 왼쪽의 공들여 지은 서구풍西歐風의 붉은 기와로 이은 2층 양옥까지도 우리 아래층 정원의 테두리에 들어온다. 담과 담 사이의 길은 담에 가리어 보이지 않고, 담 자체도 윗면만 두 줄로 내려다보이므로 도무지 다른 두 개의 정원이라고는 느껴지지 않는다. 2층 응접실 남창南窓으로는 성루城樓같이 우뚝 솟은 거대한 양식洋式 집이 보인다. 동쪽 베란다에 죽 늘어놓은 화분의 꽃들도 그렇거니와, 담장 너머 이쪽으로 마치 구슬발처럼 피어 늘어지는 적황색의 능소화凌霄花는 기품氣品 있고 싱싱함이 꽃 중의 으뜸이라.

그 이쪽 빈터에 봄에서 가을까지 부쳐지는 무 배추 밭은 수도 안에서 시골의 정취情趣를 만끽滿喫하게 해 준다.

사실 나도 이리로 이사 온 2, 3년 뒤 서쪽 빈터에 배추와 무를 심어 한창 자라는데, 땅 임자가 와 다 파헤치고 높직하게 집을 지었다. 원래 그쪽엔 통용문 같은 것도 없었으므로 다른 장애는 없으나, 우리 집이 전처럼 뚜렷이 떠올라 보이질 않게 되었다.

그런 몇 해 뒤, 이번에는 앞밭에 집이 들어섰다. 그 터를 사서 채마를 부칠까 생각도 했었는데, 느닷없이 문안에 사는 주인이 와서 2층 붉은 벽돌집을 지은 것이다. 다행히 길을 사이에 두어 좀 덜 답답하지만, 북악北岳의 원경遠景이며, 해마다 척척 늘어져 피던 능소화가 가려져 보이지 않게 된 것은 무척이나 섭섭한 일이다.

그 뒤, 이어서 삼각 정원 양옥 뒤에 벽돌 3층이 올라갔다. 양옥 주인이 세를 놓기 위해 지은 것이란다. 그 집이 들어서자 식탁에서의 전망은 정취가 반감됐다. 아담한 양옥 용마루 저편으로 펼쳐졌던 능선이며 골짜기가 멱을 잡히듯 꼭대기 쪽만 보이게 된 것이다. 더욱 유감스러운 것은 하얀 집이 송두리째

가려져 보이지 않게 된 것이다.

10년 전 이사 올 때 툭 틔었던 사방이 이렇게 점차로 시계視界가 조여 버린 것이다. 이제는 이 이상 성城들이 높이 쌓이는 일은 일어나지 않을 것이다. 들어설 집이 다 들어섰기 때문이다.

도리어 차도 쪽 빈터에는 아주 높은 빌딩이 들어섰으면 한다. 공해公害의 방벽防壁이 될 것이기 때문이다.

언덕 위의 하얀 집! 불가사의하고 신비하기까지 한 그 하얀 집은 이제 보이지 않고, 한갓 마음 속 영상으로만 남은 것인가? 나는 어느 날 하나의 기적을 만났다. 그 하얀 집을 볼 수 있었던 것이다. 밖에서 돌아와 2층 현관문을 열려다 우연히 오른쪽으로 바라다보니 저 멀리 언덕 위에 그 하얀 집이 그대로 보이지 않는가! 신록新綠에 싸인 그 하얀 집은 단장을 새로 한 여인네처럼 더욱 청초하게 보였다.

순간, 나는 이쪽을 움직이면 막혔던 마음자리나 눈길이 확연히 트일 수도 있다는 것을 깨달았다. 언덕 위의 하얀 집은 이제 마음속에 잠잠히 깃든 영상으로서가 아니라 훨훨 깃을 쳐 푸른 하늘로 끝없이 비상飛翔하는 상념想念의 씨가 될 것인가?

(1986)

아침 등산

올봄에 청량리 밖 위생병원 근처로 이사를 했다. 비오면 개구리 소리가 들리고, 밤에는 달을 볼 수 있어 좋다. 한창 건축 중이라 아직 도로 포장도 제법 돼 있지 않으나, 풋풋한 흙냄새가 도리어 정답다. 기계의 소음에서 비교적 한갓지게 멀어져 일종의 해방감을 맛볼 수 있어 좋다.

시중에 있는 직장으로부터 돌아오면 한결 생신한 공기에 안기는 것이 즐겁다. 그러나 무엇보다도 기쁜 것은, 한 5분쯤 걸어서 곧장 숲 속에 파묻힐 수 있다는 점이다. 이것은 처음부터 염두에 두었던 것은 아니었지만, 이사 후 곧 발견된 것이다. 이른 새벽, 아직 어두운 속에, 벌써 '오오이 오오이'하는 소리가 산봉우리로부터 메아리져 온다. 약수도 있댄다. 이건 서울로서는 삼청동이나 악발골, 남산기슭 아니면 그리 흔하지 않은 혜택이다. 사범학교에 입학이 되자 돈암동서 머문 일이 있다. 그 때는 지금의 한성여고 자리에 아직 집들이 들어서지 않았었다. 그 언저리에 약수터가 있어, 아침마다 간 일이 있다. 매일 아침 냉수마찰을 하는 사람도 있었다. 그 뒤, 아침에 약수터에 가는 길은 고사하고, 언덕에도 오를 수 있는 환경이 없었다.

그러던 걸, 이제 이 얼마나 운치 있는 혜택이냐 생각하고, 아침마다 등산을 결행하기로 했다. 이름하여 배봉산拜峯山이다. 곤한 잠속에 혼곤히 잠겨 있는 꼬마를 두들겨 일으켜, 한 손에 엑스밴드를 들려 가지고 철렁철렁 걸어간다. 집 사이 완만한 경사를 걷기 3, 4분, 담과 집 사이로 하늘이 빼꼼히 쳐다보이는 관문을 올라서면, 한창 이슬을 머금은 숲에서 훅 끼치는 숲 냄새가 일시에 흐렸던 피를 새빨갛게 하고, 무겁던 머리를 개운하게 해 주는 듯하다. 길은 외줄기가 아니고, 가다가 심심치 않게 갈라졌다간 다시 합치곤 한다. 그런가 하면 오른쪽 아래로 문어발을 늘이듯이 내려가는 오솔길도, 무한한 사연들이 깃들여 있을 게라 흥미를 자아내 준다. 다소의 굴곡이 있는 그 길을 낙엽의 물결 따라 늠실늠실 흐르듯 걸어가노라면, 갑자기 앞을 바싹 막아서는 깎아지른 듯한 벼랑에 부딪친다. 화강암 부스러진 왕모래가 흙 위나 바위 위에도 깔려, 자칫 발을 헛디디면, 마치 롤러스케이트나 타듯이 단숨에 아래까지 쭉 미끄러질 판이다. 흙과 바위로 빚은 한 폭의 폭포 같은 이 벼랑을, 제 나름대로 가장 안전하고 힘이 덜드는 목을 잡아 오른다. 그러나 내려올 때는 반드시 오를 때와 같을 수는 없다. 역逆은 반드시 진眞은 아니라는 원리는 여기에도 적용되는 셈이다.

이 벼랑을 오르면 고원처럼 능선이 남쪽으로 뻗는다. 서울의 동쪽을 다시 동서로 가르는 칼등이 된다. 고지를 점령한 지휘관과도 같은 심정으로, 서쪽으로 세계에서도 인구 많기로 유수한 도시 대 서울을 굽어본다. 다른 곳은 헐벗거나 별 볼품도 없는 상자갑 같은 집으로 그득 찼어도, 그래도 아직까지는 늘 푸른 숲으로 체면을 유지하고 있는 남산과 서울의 얼굴 북악 – 서울의 특징을 단적으로 나타내는 – 사이는 무어라 해도 서울의 심장부다. 그러나 그곳을 몇 겹으로 푹 덮어버린 검은 기운은 가슴을 묵직하게 해 준다. 여말麗末의 학자 한 분은 '춘설春雪이 자자진 골에 구름이 머흐레라.'라고 읊었거니와, 이는 '대도시 서울 위에 검은 기운 머흐레라.'라고나 할까. 저 검은 기운은 그 전날, 몇 만 대의 각종 차량 엔진에서 뿜겨나온 배기가스와 밤새껏 몇 10만 개의 굴뚝에서 쉬지 않고 내뿜은 각종 연기, 가스가 혼합되어, 저렇게도 마치 하나의 성층권成層圈같은 것을 이루고 있을 게다. 저 검은 층을 훨씬 벗어난 곳에 빛나는 태양과 맑은 공기를 만끽할 수 있는 이상향이 바로 여기가 아니겠는가. 외국의 도심지에 수십 층 아니 백 층을 넘는 고층 건물이 서는 이유를 잘 알 수 있을 것 같다.

그래 어떤이는 산 위에 세운 영세민 수용 아파트야말로 배기가스의 위험을 벗어난 좋은 환경이라고 했다. 그럴 법한 이야기다.

능선에 길이 두 가닥이 있다. 하나는 가장 높은 등을 탄 것이고, 다른 하나는 그 바로 동쪽 조금 나직한 곳을 따라 난 것이다. 동쪽 길로 접어들면 가끔 심호흡을 하며, 손발을 크게 움직여 도수徒手체조를 하는 이를 본다. 동쪽에서 떠오르는 태양을 향해, 함께 실려 오는 생신生新한 공기를 마신다.

휜하게 난 내리막길로 조금 가노라면, 아래쪽에서 마치 펌프로 된 여러 우물의 물을 동시에 퍼 대는 듯이 덜그렁 소리가 요란스레 들려오는 것은, 젊은이들이 추렴을 내서 마련한 여러 가지 운동 기구로 운동들을 하는 소리다. 생명이 약동하는 소리다. 휜한 길을 버리고 비껴 오른쪽으로 난 가파른 오솔길을 반 미끄러지듯 달려 내려 예의 운동하는 곳을 지나면, 춘하추동 언제나 맑은 물이 달게 솟아 괴어 있는 약수가 있다. 차례를 기다려 약수를 한 식기 마시면 가슴, 배, 아니 정신까지가 시원해 금시 용기백배하는 느낌이 든다.

비교적 한가한 곳에서 팔굽혀 펴기나 엑스밴드로 팔 운동을 하고, 엑스밴드를 나뭇가지에 걸어놓고서 두 손으로 잡고 고개를 뒤로 젖히면서 가슴과 허리를 쭉 펼 때의 상쾌한 맛, 그리고 용수철의 반동을 이용하여 다시 일어났다 넓적다리의 근육까지 적절히 힘을 주며 뒤로 젖혔다 일어났다 하는 기분은 집안에서는 맛볼 수 없는 것이다.

각자 올라온 길은 다르지만, 언덕으로 올라 서북쪽을 바라보면 북한산 위 줄기선이 마치 케네디가 반듯이 하늘을 향해 누워 있는 듯한 속칭 케네디 봉을 바라보며, 맑은 공기와 청신한 샘물, 그리고 몸 운동을 한다는 면에서는 남녀노소 할 것 없이 기분이 완전히 일치되리라.

일주에 한 번 별러서 본격 등산을 하는 것도 별미가 있겠지만, 이렇게 날마다 끊이지 않고 하는 아침 등산이 어느 의미에서는 더 나을지도 모른다.

(1979)

붓 가는 대로 생각나는 대로

나는 I교수와 함께 1979년 11월에 영국의 공개대학公開大學 창립 10주년 기념 국제 학술대회에 참석하고 구라파를 돌아 미국을 거쳐 귀국한 일이 있다.

우선 서구西歐의 덴마크로부터 차례로 서독, 프랑스, 이태리, 스페인으로 가기로 여정旅程을 짰다.

런던에서 덴마크의 코펜하겐, 그리고 서독의 뒤셀도르프까지는 모든 항공편航空便이 예정대로 잘 맞아, 그것 때문에 신경이 쓰이는 일은 없었다.

그리고 설령 좀 예정이 틀려진다 하더라도 공항空港에 나와 기다릴 사람이 없었기에 그 면에서도 아예 신경을 쓸 필요가 없었던 것이다.

그런데 시집가는 날 등창 난다고, 뒤셀도르프에서 파리로 갈 때에는 마침 그곳에 유학 중이던 Y양이 모처럼 우리가 닿을 오를리 空港에 나와 기다리기로 돼 있었는데, 그날따라 예약한 비행기의 파업으로 2시간이나 늦게 다른 비행기편으로 겨우 파리에 닿는 의외의 일이 벌어진 것이다.

Y양에게는 이러한 사유를 알릴 경황이 없었으므로 오를리 공항에서 만날 수 없게 된 것은 당연한 일이다. 시간이 너무 늦어 파리 市內로 들어갈 것을 포기하고, 공항 가까운 호텔에서 쉬기로 했다.

전화를 받은 Y양은 그 이튿날 아침 일찌감치 호텔로 달려왔다. 파리 시내까지는 버스로는 40분 거리이지만 짐이 있어 불편할 것 같아, 택시를 불렀다.

한 5분쯤 됐을까, 키가 후리후리한 30세 전후의 금발金髮의 미녀美女가 나타났다. 택시 운전사인 것이다. 우리는 파리의 첫발을 이러한 미녀에 의해 디디게 된 것을 매우 흐뭇하게 여겼다.

그런데 그러한 생각은 차에 타는 순간부터 무너져 버리고 말았다. 두 사람의 짐이 차 뒤의 트렁크에 잘 안 들어가, 조그만 것은 가지고 타려고 했더니, 안 된다고 했다. 규칙이 그렇게 돼 있다는 것이다. 그리고는 이리저리 비집어서 기어코 다 집어넣고 말았다. 그 다음 우리나라에서도 한 때 강조하여 자동차 안에 설치만 한 채, 지금은 무용지물화돼 버린 안전대安全帶로 몸을 묶으라고 했다. 이 모든 절차가 무표정 속에 명령

조로 행해졌다. 남자 운전사보다 더욱 억세고 딱딱했다.

굳어진 우리의 표정을 본 Y양은 프랑스 女子들에 대한 이모저모를 이야기해 주었다. 프랑스에서는 남자보다도 여자들이 더 억세게 생활 전선에 뛰어 들어 활동을 하고 있다는 것이다. 택시를 모는 것은 약과고, 대형 트럭도 거뜬히 몰고 다닌다고 했다. 大學에서도 반 이상이 여대생으로 남자들은 무엇을 하고 있나 하는 생각이 들 정도라고 했다. 그럼으로 해서 언젠가 모르게 표정까지도 그렇게 무뚝뚝하게 되었는지도 모르겠다. 시내버스에 타고 있는 여자들도 연령의 高下를 막론하고 모두 표정이 굳다. 살림 걱정, 아니면 남편을 어떻게 몰아세울까 하는 궁리로 머리가 하나 가득인 것 같았다. 예술의 도시 파리, 모든 건물의 겉에는 갖가지 조각이 아로새겨지고 창틀도 집집마다 다른 디자인을 하였으며, 거리 곳곳에 훌륭한 조각품이 널려 온 시가가 미술품美術品인 듯한 이 고장의 女人들의 표정이 어찌 그렇게 굳어야만 하는지 의문이 갔다.

특히 英國의 잔잔한 가운데 교양미敎養美가 넘치는 중년여성中年女性들의 표정이며, 덴마크 여자들의 티 없이 밝은 표정에 비하면 너무나 거리가 먼 데 아연啞然하 수밖에 없었다.

미국 사람들은 男女를 막론하고 잘 웃는다. 아니 어려서부터 웃는 훈련이 잘 돼 있는 것 같다. 마치 그들이 남의 앞을 지날 때에는 반드시 '실례합니다' '미안합니다'를 습관적으로 연발하듯이.

거기에 비해 우리는 웃음이 없는 것 같다. 요새 젊은 남녀가 몸뚱이를 팔로 감싸 안고 희희낙락하게 거리를 활보하는 모습은, 그러한 개방의 본고장인 구미歐美의 젊은이들을 무색하게 할 정도로 돼 있지만, 그리고 대포집 같은 데서 흘러나오는 그 호쾌한 웃음소리, 계모임에서의 여자들의 간드러진 웃음의 합창, 이들로 보아서 우리에게도 웃음이 풍부한 듯하나, 일단 자기네들끼리의 테 밖으로 한걸음만 벗어나면 180도로 표정이 굳어진다.

엘리베이터를 탔을 경우, 서양 사람들은 처음 보는 사람을 대해서도 웃음 띤 얼굴로, 예컨대 '굿모닝'이나 '하이'를 잊지 않는다. 그런데 우리나라 사람들은 대개 심각한 표정으로 상대방의 아래위를 훑어보기가 일쑤다. 이러한 무표정無表情과 실례스런 의표儀表로 어떻게 국제 사회에서 원만한 적응이 가능할지 두렵다.

안에서는 결코 부족하지 않은 웃음이 밖으로 향해서는 몹시 낯을 가리는 이 습성은 어렸을 적부터 고쳐서 습관화시킬 필요가 있다. 대인 관계에서 웃음에 인색한 우리는 가령 서양의 어떤 젊은 女性이 웃음 띤 표정으로 말을 건네면, 마치 그쪽에서 전적으로 호감好感을 가지고 자기를 대하는 것으로 착각하고 부질없는 실수를 하기가 일쑤다. 우리의 웃음은 마음속으로부터 나오는 순수한 웃음인 데 비해 그들의 웃음은 다분히 훈련된 웃음, 극단적으로 말하면 마음의 뒷받침이 없는 단지 근육의 움직임인 외교적外交的 웃음일 경우가 많다.

그런 면에서 차라리 우리의 웃음은 표리表裏가 같은 진정한 웃음이랄 수 있다. 그러나 女子들이 화장을 하듯, 그들의 단순한 근육의 움직임일망정 웃는 표정은 무표정이나 아래위를 훑어보는 그런 것보다는 몇 10배, 몇 백배 나은 것이다.

웃음에는 여러 종류가 있다. 가장 호쾌한 것은 너털웃음, 그러나 그 뒤에는 자기의 허점虛點을 호도糊塗하려는 마음 자락이 깔릴 때가 많다. 비웃음 [냉소冷笑], 코웃음 [비소鼻笑], 쓴웃음 [고소苦笑]은 다 마음에 마땅치 않았을 때 나오는 웃음이다. 비웃음과 쓴웃음은 마음 속 느낌이 입가에 슬며시 나타나는 웃음이다. 비웃음은 그 도가 지나면 입술이 비쭉 내밀어지기도 한다. 쓴웃음은 말없이 입맛을 쩍쩍 다시게도 된다. 다만 코웃음은 처음부터 콧김이 '흥'하고 나가면서 웃는 웃음이다. 생글생글은 눈웃음이 따르고, 방글방글은 입가에 복스러움이 따르는 웃는 모습이다.

웃음의 종류도, 웃는 모습의 형용도 많은 우리의 웃음을 테 안으로부터 테 밖으로 펴 나가게 해야겠다. 웃으면 복이 온다는 말은 확실히 좋은 말이다.

(1983)

雪山을 바라보며

나는 지난 1월, 아내와 함께 네팔과 인도印度를 다녀왔다. 印度는 7,8년 전에 학회學會 참석차 갔던 일이 있지만, 네팔은 이번이 처음이다.

1월 14일, 방콕을 떠난 비행기가 해발海拔 1,350m의 분지盆地 카트만두에 닿은 것은 정오正午가 지난 때였다. 저 멀리 북쪽으로 눈 덮인 히말라야 산맥山脈의 연봉連峯이 삐죽삐죽 솟아 있어 등산객登山客을 손짓하고 있다. 人口 1,009만에 넓이가 145,330㎢인 네팔은 기온氣溫이 섭씨 0도에서 38도까지의 폭이 있다는데, 그날은 우리나라 늦가을 날씨 같았다.

사람들은 얼굴과 손발을 잘 씻지 않고, 빨래도 안 해 입는데다가 벽돌로 쌓아 지은 집들은 너무 구중중하여 폐허廢墟 속 난민難民을 연상케 한다. 여염집에는 화장실이 따로 없어 문

밖 아무데서나 用便을 본다. 이렇게 불결이 생리화生理化한 그들이지만 마음은 온순하고 정직 순실正直純實하여 어딘가 정情이 붙는다.

15일 시내 관광觀光을 했다. 힌두교 사원寺院이 뒤섞여 있는 고대 황궁古代皇宮이며, 불교, 힌두교, 라마교, 寺院까지도 함께 섞여 있는 一名 원숭이 寺院인 랑딴山의 사원들은 여러 종교宗敎의 협화協和 모습을 잘 보여주고 있다.

시내 西北쪽 언덕에 스와얌부나트寺院이 있다. 2천 3～4백년 전에 이곳은 연못이었는데, 연꽃 속에 석가모니상釋迦牟尼像이 떠올랐다. 문수文殊보살이 받들어 조그마한 절을 지었더니 그 절이 자꾸자꾸 자라올라 世界를 다 바라다 볼 수 있는 탑塔이 되었다. 그래 탑신 위쪽 사방에 지금 볼 수 있듯이 석가모니의 눈을 크게 그려 놓았다는 것이다.

이 탑과 비슷한 구조의 탑이 市 남쪽에 있는 보도나시塔이다. 이 탑은 1,500년 전에 석가모니 다비茶毘재를 봉안奉安했다고 한다. 보스라라는 네팔産 백탄白炭으로 둥글게 축조築造해 올라갔는데, 그것이 몹시 굳어 千여 년이 지나도 끄떡 없다고 한다. 탑 주변周邊은 티베트 마을로 머리를 쌍갈래로 땋아 늘어뜨린 티베트人들이 점판店板을 벌이고 장사를 하고 있다.

살아있는 여신女神을 보았다. 석가족釋迦族의 후예중後裔中에서 뽑힌 청정淸淨한 少女로 초경初經이 시작될 때까지 3층 건물 윗방에서 거처居處하면서 보기를 원하는 사람들에게 가끔 상반신上半身을 나타내 보이는데, 사진寫眞 촬영은 금지돼 있다. 우리가 본 女神은 얼굴이 둥글 넓적하고 눈이 슬기롭게 생긴 少女였다. 이러한 제도는 17세기 이후 시작된 것이라고 안내자가 전한다.

16일 아침 9시, 버스 편으로 雪山이 보이는 곳으로 향했다. 시내를 벗어나 山間길을 올라가는데, 계단식 농지階段式 農地가 잘 개발되고, 집들도 깨끗이 잘 가꾸어서 시내에서 받던 인印象과는 전연 다른 것을 느꼈다. 사람들은 男女 할 것 없이 밭에 나와 일들을 하고, 유채油菜꽃도 한창이다. 논바닥에 쌓아놓은 짚가리는 꼭 우리 농촌과 흡사하다. 초가지붕은 물매가 몹시 급하다.

한 시간 남짓 걸려 목적지目的地에 닿았다. 해발 2,300m, 멀리 북쪽에는 매너슬루, 람중, 안나푸르나峰들이 하얀 눈을 쓴 채 왼쪽으로 차례로 벌려져 있고, 오른쪽 더 떨어진 곳 여러 눈봉우리 사이에 꺼멓게 우뚝 치솟아 있는 것이 해발 8,848m의 에베레스트, 바람이 너무 세어 눈이 다 날아가 꺼멓다고 한다. 아무 공해公害도 없는 여기서 年中 눈에 덮여 있는 세계의 지붕들을 바라다보는 우리 一行은 오욕五欲과 시기와 질투가 그득찬 속세俗世로 다시 내려가고 싶은 생각이 들지 않았다.

(1974)

5부

진달래

진달래는 개나리와 함께 우리나라의 봄 소식을 전하는 첫 번째 전령傳令이다. 그보다 일찍 봄을 알리는 것에 매화梅花가 있지만, 이는 설중매雪中梅란 이름이 나타내듯 겨울 속에 봄 소식을 머금은 꽃으로 순수한 봄 꽃이라 하기는 어렵다.

대동강 물도 풀린다는 우수雨水와 경칩驚蟄이 지나고 시냇가의 버들강아지 솜털이 은빛으로 빛나 봄 기운이 한층 높아갈 때, 마을에는 개나리가 샛노랗게 피고, 산에는 진달래가 새색시 치마처럼 연분홍으로 핀다.

매서운 삭풍朔風이 눈보라를 휘몰아치고 하늘도 땅도 잿빛으로 얼어붙어 지구의 종말이라도 고할 듯하던 겨울도 자연의 순환循環의 원리는 거스르지 못하는 듯, 제 아무리 춘설春雪이 난분분亂紛紛하다가도 결국 봄의 문은 열리게 마련인데, 성급하게 기다리던 개나리와 진달래는 잎도 피기 전에 꽃부터 터진다.

어느 시인은 고향의 봄 정취情趣를 복숭아꽃과 살구꽃으로 그려냈지만, 그것은 봄이 무르익은 때의 일이요, 아침이면 아직 코끝이 시린 새봄의 꽃은 역시 개나리와 진달래가 대표라 하겠다. 울 밖으로 척척 늘어진 개나리꽃은 낮에도 노란 꽃등을 켜고 온 집안을 환하게 장식하여 한층 생기生氣를 돋운다. 속이 비고 동글게 죽죽 뻗은 가지에 잎이 날 자리 겨드랑이에 마치 작은 백합白合처럼 생긴 노란 꽃이 2, 3개씩 피어 올라간 것이 무리를 지으면 온통 노랑 빛 폭포를 이룬다.

개나리가 이렇듯 활짝 필 때에는 산에는 반드시 진달래가 핀다. 진달래는 우리나라의 북으로는 백두산으로부터 남으로는 한라산까지 피지 않는 곳이 없다. 진달래는 육덕肉德이 두둑히 살진 곳보다는 바위 틈서리나 척박瘠薄한 곳, 그것도 남쪽보다는 북쪽 비탈에 무리지어 핀다. 말하자면 되도록 악조건惡條件에서 웃음을 띠고 정답게 피는 꽃이다.

신라 성덕왕聖德王 때 순정공純貞公이란 이가 강릉 태수로 부임해 가다가 바닷가에 이르러 점심을 먹었다. 마침 옆에 깎아지른 듯한 바위가 병풍처럼 바다 쪽으로 치솟아 있는데, 그 위에 진달래꽃이 흐드러지게 피어 있었다. 공의 부인 수로水路가 둘러보면서 누가 저 꽃을 꺾어올 수 없을까 했다. 종자從者가 말하기를 '인적이 닿지 않는 곳이 라서'하면서 아무도 꺾어

오지를 못했다. 마침 암소를 끌고 그 곁을 지나가던 노인이 부인의 말을 듣고 그 꽃을 꺾고 노래를 지어 함께 바쳤다.

보랏빛 바윗가에
잡은 손의 암소를 놓고
나를 안 부끄리신다면
꽃을 꺾어 바치오리다.

이것은 삼국유사三國遺事에 나오는 헌화가獻花歌란 향가鄕歌의 유래와 내용이다. 원문에는 철쭉꽃躑躅花으로 되어 있으나 철쭉은 끈적이고 독이 있다고 하여 사람들이 꺼리므로 진달래임이 분명하다. 이는 소월素月이 읊은 진달래 시보다 12세기나 앞선 절절한 작품이다.

진달래 꽃잎은 얇고 부드러워 애들이 따서 먹기도 하고, 음력 삼월 삼짇날 찹쌀가루와 화전花煎을 붙여 꽃놀이를 하기도 했다. 아낙네들이 지은 내방가사內房歌辭 속에 화전가가 많은 것은 그 까닭이다. 또 술로 빚어 먹기도 하는데 그것을 두견주杜鵑酒라 한다. 진달래를 두견화라고도 하기 때문이다. 진달래가 한 골짜기를 붉게 물들인 모양이 마치 두견새가 밤새껏 울어 피를 토해 물들인 것 같다는 데서 붙여진 이름이다.

진달래는 일본이며, 만주, 중국 북부, 몽고 북부, 우수리에도 퍼져 있다지만, 우리나라 전역을 뒤덮어 겨레의 정서情緒의

뿌리를 이룩하고 있는 면에서 단연 우리나라 꽃이라 할 만하다.

우리 집 정원庭園에도 진달래가 한 포기 있다. 조카가 서울 동쪽 근교에서 무슨 공장을 한다기에 갔던 길에 산에서 캐다가 심은 것이다. 조카는 그 일이 실패로 돌아가 아주 다른 일을 하지만, 진달래는 봄이 오면 어기지 않고 핀다. 기쁜 일, 슬픈 일 모두 아랑곳없이 봄이면 피는 진달래, 올봄에는 또 무슨 소식과 더불어 필지.

(1991)

반딧불과 청개구리

8월도 하순에 접어든 어느 날의 일이다. 밤 열시가 되었을까 한 무렵, 무엇이 반자 밑을 날고 있었다. 방충망도 없이 문을 열어 놓고 지내니까 밤이면 나방 같은 것이 곧잘 날아들곤 한다. 그래 그런 것이려니 하고 무심히 있는데, 아내가 "개똥벌레다!"하고 짤막하게 소리쳤다. 딴은 전등 위쪽을 대각선으로 날면서 연방 꽁무니에서 형광螢光을 발사하고 있지 않은가. 그러나 워낙 밝은 불빛에 애어 제 빛이 발휘될 리 없다. 다만 점멸點滅을 감지할 수 있을 뿐이었다.

기적 같은 순간은 고대 사라지고 개똥벌레의 모습을 찾을 길이 없었다. 차라리 그 순간 전등을 껐더라면 어둠속을 둥글둥글 비추며 유유히 지나는 반딧불을 현실로 볼 수 있었을 텐데, 유감스럽기 짝이 없다.

우리가 10년도 훨씬 전에 이곳 세검정 동네로 이사를 온 그해 여름 어느 날 밤, 뜰에서 반딧불이 꿈속같이 반짝이며 나는 것이 눈에 띄었다. 농촌 태생인 내 머릿속에 선연하게 아로새겨진 하늘의 별보다도 더 많이 반짝이던 여름밤의 반딧불의 영상은 서울 살이 이후 까마득한 망각의 저편으로 묻혀진 지 오랬거늘, 이 어인 전율적인 환희더냐. 구기 터널이 아직 뚫리지 않고, 종이를 띄우던 개울물이 그대로 흐르던 때라 지금보다도 훨씬 원시의 맛이 짙어 문을 열면 어디서든 말쑥하게 잘 생긴 푸른 산이 반기고, 한낮에도 꿩이 울며, 철 따라 꾀꼬리소리 요량嘹喨하고, 두견이 애타게 밤을 지새웠다. 그러하긴 해도 어이 반딧불의 내방이야 뜻했으랴. 그러나 그것도 한 두 해, 반딧불은 다시 나타나질 않았다. 올해는 혹시 하고 해마다 걸어보았던 기대는 번번이 허무하게 무너져, 또다시 절망에 든 지 오래였다. 사람들의 무지가 낳은 공기와 수질, 토양의 오염은 논두렁에서 벼메뚜기와 게의 자취를 감추게 했으니, 개똥벌레의 유충인들 배겨내랴. 그래도 해마다 녹음 철이면 어김없이 찾아와 온통 제 세상인 양 울어대는 매미소리에 반딧불의 환영은 내 마음속에 실낱같은 꼬리를 끌어오기도 했었다. 집념이라기보다 하나의 미련이었다.

그러던 터에 실로 오랜만에 기적같이 찾아든 그날 밤의 반딧불은 달세계 착륙 못지않은 감격을 내게 안겨 주었다. 불빛 속에 제 기능을 펼쳐 뵈지 못했고, 설령 다시 볼 수 없게 됐다 하더라도 절망의 저편에서 언젠가 다시 볼 수 있게 되리라는 가능의 줄이 던져진 그것만으로도 흐뭇한 일이 아닐 수 없다. 선인장의 꽃처럼 오랜 세월 별러 피었다 고대 사라질지라도 그것은 바로 인고의 보람이기에 하필 영원을 기하랴.

해마다 여름철이면 꼭 한 번씩은 다녀오던 무주구천동 백련사白蓮寺엘, 주지스님이 언제 오느냐는 전화까지 받고도 결국 떠나지 못하도록 유난히도 많이 왔던 비 까탈에, 뒷동산으로 오르는 길이 푹 패어 도랑이 되고, 풀은 길로 자라 움파리를 이루었으며, 아침이면 사람들이 올라와 뜀뛰기며 체조도 하는 곧 넓은 평지에 억새며 싸리가 숲을 이루었으니, 그동안 찌든 공해의 요소가 말끔히 씻겼을지도 모를 일이다. 그 덕으로 올해에 반딧불을 볼 수 있게 되었는가 하고 혼자 생각해 보았다.

그런 일이 있은 이틀 뒤, 이번에는 청개구리 한 마리가 부엌으로 들어와 폴짝폴짝 뛰는 것이 아닌가. 비가 오면 곧잘 개구리 소리가 들려오곤 하지만, 이렇게 집 안으로 뛰어 들어 오긴 처음이다. 밖으로 도로 내보내려고 손으로 붙잡으려 했으나 내 손동작보다도 더 날쌔게 뛰고, 손아귀에 들어왔다가도 도로 빠져나가 어둠 속에 어디론지 몸을 숨기고 말았다. 아스팔트와 양회로 덕지덕지 발라버린 도시 복판에서야 개구리가 집 안으로 뛰어 들어온다는 것을 어찌 생각이나 할 일이랴.

봄이면 잡초라도 움짓움짓 생명이 돋아나는 뜰, 이사올 때 친구들이 갖다 심어준 자귀나무며 향나무, 대추나무, 개나리,

진달래가 원래 있던 무궁화나무, 단풍나무, 라일락, 목련과 잘 어울려 숲을 이루고, 담 밖의 크고 작은 두 그루의 느티나무는 여름철 공기를 맑히는 산소 공급원으로서 큰 몫을 하고 있다. 특히 느티나무는 매미의 합창장으로도 요긴히 쓰이고 있다. 겉벽면에다 돌을 붙여, 감옥같이 붉은 벽돌로 꼭꼭 쌓아올린 집보다 훨씬 싱그럽게 보이는 집 자체는 이사올 때 그대로이지만, 나무들이 자라 어울려서인지 무척 관록이 있어 보인다. 연륜에 따라 틀이 잡혀가는 사람과도 같다 할까. 위층 난간에 의지하여 사진을 찍으면 무슨 숲 속의 별장같이 벽이며 유리창, 화초와 나무가 그윽하게 배경을 이뤄준다.

그런데 단독주택이기에, 가진 것은 없어도 집을 비울 수 없는 어려움으로 해서 마음이 쓰이던 중, 어떤 이의 권유로 승가사 올라가는 길 어귀에 지금 공사가 한창인 이른바 빌라엘 가보았다. 옥탑屋塔이라는 맨 위층에서 남쪽을 바라보니 저 멀리 안산鞍山이 글자 그대로 안장 모양으로 수려하게 우뚝 솟아 안산을 이루고, 그 좌우로 산들이 두 팔을 벌려 이쪽을 이어져 지세에 따라 무슨 꿈의 세계와도 같이 포치된 집들을 품안에 안고 있어 연중 일급 미술작품과 대좌하는 기분이 들 것 같았다. 그런데 화초나 나무를 심을 뜰을 없고, 그보다도 흙내와 너무 동떨어져 있음이 흠이다. 그러나 공기는 더할 나위 없이 맑고, 소음도 전연 없다. 화초나 나무는 화분에 가꾸면 되겠고, 흙내는 뒷동산에 채마를 일구어 가꾸면서 맡으면 되리라.

세검정 10여 년 살이에, 둘레에 집들이 새로 들어서고 높이 솟는 바람에 애당초 툭 틔었던 시야가 비길 데 없이 좁아져 버리고 말았으니, 이제 몸을 빼쳐 또 한번의 비약을 할 것인가. 층이 높은 그곳에선 제 발로 기어들어오는 청개구리는 만날 수 없을 지라도 혹시 밤하늘을 수놓은 더 많은 반딧불을 볼 수 있지 않을는지.

(1987)

月賦 도둑

우리나라에도 작년 세모歲暮에 '텔레비전'의 대량 월부가 있었다. '텔레비전'을 놓으면 주부가 일손을 쉬게 되고, 애들의 공부에 지장이 많다는 통폐론에도 불구하고 이에 감연히 한몫 끼인 것은 무엇보다도 어린것이 아직 학령 전이요, 월부라는 편리점에서였다. 방의 크기로 보아 14인치라도 그리 작은 감이 없이 잘 조화가 되고, 더구나 화면이 일그러지거나 흔들리지 않으며 농담濃淡도 고르고 음향도 깨끗하여, 이 진귀한 문명의 산물이 내방객의 호기심을 끌기에 족했다. 그리하여 밤마다 저녁을 끝내고는 찾아오는 '팬'도 생기게 되었다. 꼬마도 물론 훌륭한 팬 노릇을 했다.

이렇게 몇 달을 지내는 동안에 이 이채로운 텔레비전도 그리 변변치 못한 우리 살림의 다른 가구들과 제법 어울리게 되어 그대로 자리가 딱 잡히게되었다. 언제 보아도 싫증이 나지 않는 그 싱싱한 디자인은 방안에 한결 신선한 분위기를 불러일으켰다. 그리하여 텔레비전은 우리 가정에 의젓한 필수품이 되고, 그 시청은 하나의 생리화로 되고 말았다.

그런데 이를 어쩌랴? 그 애지중지하던 텔레비전이 어느 비 오는 새벽, 지붕을 타고 들어온 도둑에게 감쪽같이 도난을 당하고 말았다. 흙발로 들어온 그들에게 이끌려 나가며, 그 텔레비전이 우리를 얼마나 원망했으랴? 그리 간단하지 않은 절차 동안, 같은 방에서 자면서도 전혀 낌새도 못 챘던 것은 마취제의 살포 때문일 것이라고 우리는 아직까지 그렇게 자위하고 있다. 텔레비전이 앉았던 자리는 보기 흉하리만큼 쓸쓸해 보였다.

더구나 물건은 없어졌어도 월부는 꼬박꼬박 물어야 한다. 말하자면 도둑을 월부로 맞은 셈이다. 하기야 한꺼번에 맞은 것보다는 이편이 나을지도 모른다. 그러나 대상물 없는 빈 월부를 부어나가기란 아물려던 상처를 다시 건드리는 것 같아 마음이 아리다. 비노니 이훌랑 월부 물건은 월부장月賦帳까지 가져가는 에티켓을 잊지 말아 주기를 그들 밤손님에게 바라는 바이다.

(1962)

구름을 쓸면 눈이 오지

결혼 10년 만에 아들을 하나 낳았다. 남들은 내 나이에 대학엘 다니는 자녀를 두었거늘, 이 애는 여섯 살을 먹고도 아우를 볼 줄을 모른다.

성인들 틈에 자란 어린것이 처음부터 성인의 말을 배워 '절대'니 '자신있어?'니 나아가서는 '조물주'라는 말까지도 어디서 들었는지 어색하지 않게 격에 맞게 쓸 뿐 아니라 발음과 어법이 또한 기막히게 정확하다.

세 살 때였으리라. 숨박꼭질을 한다고 두 손을 펴서 눈을 가린 다음, 장롱에 이마를 대고,

"내가 꿈꾸께, 숨어!"

이 얼마나 기발한 창작이냐!

얼마 전 일이다. 아침에 일찍 일어나 마당에서 하늘을 쳐다

보더니,

“아버지, 구름을 쓸면 눈이 오지!”

하는 것이다. 쳐다보니 높은 하늘엔 서양 어느 음악가의 곱슬곱슬 퍼져 내린 머리터럭이 한없이 넓고 길게 펼쳐진 듯, 마치 두어대의 제트기가 종횡무진히 묘기를 부리고 사라진 뒤에 고요히 펼쳐진 ‘비행운飛行雲’처럼 흰 구름이 그야말로 비로 쓸면 금시에 흰 눈 조각이 소록소록 떨어질 것만 같았다.

이야말로 낙운성시落雲成詩가 문제가 아니다.

어느 날 저녁밥을 먹다 말고 때마침 내리는 비를 내다보더니

“엄마, 구름이 녹으면 비가 되지” 다시, “엄마, 하늘을 흔들면 비가 오지!”

어른들이 책상 위에서 아무리 상상의 날개를 펼쳐 보았댔자 이 언저리에나마 미칠까보냐!

그 오염되지 않고 흐뭇한 동심의 경지에서 우리 성인들은 고개숙여 배울 바가 많지 않은가.

(1962)

수염 이야기

어느 누가 이렇게 말을 했다. 여자들은 심심치 않겠다고. 얼굴 하나를 가지고도 눈썹, 입술, 피부를 이런 빛 저런 빛으로 이렇게 저렇게 다스리고 머리 모양에 이르러서는 더구나 변화무궁變化無窮하니 다분히 심심치는 않을 게라는 것이다.

사실 여자가 제법 화장을 하려면 이만저만한 끈기가 필요하지 않은 것이지만, 나일론이나 본견 스타킹 한 겹으로 엄동嚴冬을 거뜬히 넘기는 인내력을 가지고 있기에, 역시 여자 노릇을 할 수 있는 바탕을 선천적으로 타고났다고 하겠다. 만약 남자더러 그 복잡한 절차를 매일같이 밟으라면, 아마 90%까지는 여자노릇을 아예 기권하고 말 것이다.

남자는 세수만 하고 머리만 쓱쓱 빗으면 누구 앞에든지 나갈 수 있다. 물론 개중에는 성격상 또는 직업상 거의 여자 못지 않게 여러 가지를 바르고 매일같이 이발소 신세를 져야 할 이도 있지만 그것은 전체 남자의 몇 %밖에 안 된다. 남자란 확실히 편리하다. 그러나 무작정 편리하라고 버려두지는 않았다. 그 중의 하나가 수염이다.

수염의 조화로 나이가 늘었다 줄었다 하며 얼굴 인상이 이렇게 저렇게 변하기도 하므로 숨염이 지닌 마술성이란 여자의 눈썹이나 입술에 비길 바 아니다. 그러나 이러한 특성은 일반 남자와는 거리가 멀다. 그러기에 대개의 남자들은 이것저것 생각할 것 없이 그냥 모조리 수염을 깎아 버린다.

그런데 그것을 깎는다는 것이 그리 쉬운 일이 아니다. 수염을 깎는 습관이 생긴 뒤로는 귀찮음을 느낄 때가 많고 안전면도로도 가끔 살갗을 베는 수가 있기 때문이다.

그러나 수염은 확실히 남자의 상징이다. 수염이 길면 힘이 세다고 한다. 삼국三國 시절의 명장 관운장關雲長은 수염이 길고 아름답다 하여 미염공美髥公이라 했고, 구약성서에 나오는 삼손은 그 긴 머리가 잘림으로써 힘이 없어졌다고 한다. 그러기에 우리나라 사상四象의학자醫學者들은 모발을 기르라고 한다.

내가 근무하는 학교에 시간으로 나오는 30대의 강사 한 분이 있다. 독일에서 학위를 딴 이분은 얼마 전까지만 해도 길쭉한 얼굴에 숱이 많고 짙은 검은빛 수염을 운치 있게 기르고 있었다. 처음 보기엔 나이에 맞지도 않게 저렇게 수염을 기르

다니 하고 괴이하게 여기기도 했다.

그 후 그분의 내력도 좀 알게 되고 접촉도 있게 되고서는 그 수염에 대한 기이한 느낌은 까맣게 사라지고 말았었다. 그러던 어느 날 나는 그분이 그 특수한 수염을 자리가 파랗게 송두리째 깎아버린 것을 발견했다. 그 검은 수염이 있기에 더욱 웅숭깊게 빛나던 눈빛과 아울러 얼굴 전체에서 풍기던 유럽적 풍봉風丰이 일조에 불식되고(?) 말았으니 남의 일답지 않게 끝없이 서운하게 여겨졌던 것이다.

분장했던 수염을 툭 잡아뗀 듯한 그 턱으로 해서 얼굴이 한결 해쓱해 보이기도 했다. 사실 얼굴이란 자기가 보는 것보다도 남이 더 보는 것이기에 보는 처지에 선 내가 기이함을 느낀 것은 당연한 일이다.

그래서 나는 그 수염을 왜 깎았느냐고 물었다. 그의 대답은 간단했다. 이발사가 그렇게 깎아 주더라고. 그래서 나는 "그 수염이 좋았는데!"하고 혼자 말 비슷이 중얼거려 보았다. 그 후 며칠을 지나도 그의 수염은 검어질 줄을 몰랐다.

(1963)

그대에게

I

오늘이 그대가 내 곁을 떠난 지 벌써 한 달째 되는 날이군요.

작년 7월 13일, 그대는 그냥 두면 6개월을 못 넘기겠다는 진단診斷으로 40킬로 겨우 넘는 몸으로 간肝 일부를 도려내는 어려운 수술을 받았지요. 그 힘든 여러 고비를 용케 넘기고 겨우 혈색이 환하게 피어 갈 때, 느닷없이 항암抗癌 주사를 맞아야 한다는 주치의의 그 한 마디에 새파랗게 질려 눈물만 흘리던 그대, 직경 2cm밖에 안 되니 그것을 쌍동 도려내면 씻은 듯이 낫겠다 했는데, 항암 주사의 부작용을 이기지 못해 결국 세상을 뜬 예를 주변에서 실제로 많이 보아 온 그대로서는 몹시도 당연한 충격이었지요. 그러나 너무나 집요하게 맞아야 한다는 조직적인 강권強勸에, 그토록 안 맞을 수 없느냐고 주치의에게 애원하던 그대도, 당신네 좋을 대로 해보라는 듯이 체념諦念을 했었지요. 그러나 나는 어떻게든, 맞지 않아도 좋다는 유권적 판단을 얻기 위해 같은 병원에서 간암을 다루는 다른 의사를 일부러 찾아가 의견을 들어 보았지요. 그는 그 효과가 20%니까 정 어려우면 안 맞을 수도 있다고 하더군요. 그래 용기를 얻고 병실로 달려가 보니, 아뿔싸 벌써 그 주사가 꽂혀 있지 않겠어요? 지금의 상식만 가졌어도 당장 도로 뽑으라 했겠는데, 이왕 꽂은 것이니 주치의의 말마따나 만전萬全을 기한다는 뜻에서 1회분만 맞아 보자고 한 것이지요. 그 1회분이라는 것이 엿새에 걸쳐 한 대씩 여섯 대를 맞아야 한다니 까마득하였지요. 차라리 구역嘔逆질 등 반작용이 일어나면 핑계 삼아 중지했을 터인데, 야릇하게도 그것을 다 맞을 때까지 혈색이 그대로 밝고 태연하였기에, 도리어 대견하게 여겼었지요. 그런데 웬걸 그 바로 다음날 손톱이 모조리 파랗게 질리고, 그 환하던 얼굴도 우거지 빛으로 변하는 게 아니겠어요? 그때 아차 했지만 물은 이미 엎질러진 것. 겨우 자력自力으로 소생蘇生하려던 그 힘이 인위적人爲的으로 중절中絕되고, 게다가 한술 더 떠 가라앉았던 복통腹痛이 다시 일어나 무진 고생을 했지요. 8월 하순 퇴원을 한 뒤 한 달에 한 번씩 받는 정기 진찰診察 때마다 배 아픔을 호소했지만, 주치의는 나이 탓으로 돌리고 먹어도 별 효과 없는 알약만 지어 주었지요. 그래 결국 병원을 가서야 그 증세를 가라앉힐 수 있었지요.

II

언젠가 그대는 나에게 지금 어디 아픈 데가 없느냐고 했지요. 아무 데도 아프지 않다 했더니 신기한 듯, 어떻게 사람이 그렇게 아픈 데가 없느냐고 반문을 했었지요. 원체 잔약한 몸으로 하루도 몸 편한 날이 없이 약藥을 줄 이어 가면서, 의지意志 하나로 명랑하고 슬기롭게 살아온 그대. 수술 전에 상당한 효과를 보았던 녹즙綠汁을 퇴원 후 계속하기 위해 자연생 녹즙 거리를 찾아 세검정洗劍亭 집 근처 산이며 골짜기를 둘이서 또는 그대 혼자서 안 간 데 없이 누비면서 민들레며 돌나물, 쑥, 질경이를 캐 오곤 했었지요. 점심 뒤엔 나와 함께 앞산 솔숲으로 올라가 앉아서 맑은 공기도 쐬고, 산등성이로 산책散策도 하는 것을 일과日課로 삼았지요. 조금 기분이 내키면 근처의 산을 꽤 먼 데까지 걷기도 했는데, 그대는 그 길이 어디로 어떻게 통한다는 것을 손금을 들여다보듯 소상히 알고 있었지요. 등산登山을 좋아해 수술 전에 뜻 맞는 친구들과 매주 한 번씩 북한산北漢山 일대를 샅샅이 더듬어 걸은 경력의 소치所致이겠지요. 그대는 평소 아침마다 집 뒷산에 올라가 도수체조徒手體操를 하고, 나무에 등을 대고 쿵쿵 내장內臟까지 철렁철렁 울리도록 연거푸 몸통을 부딪쳤지요. 해운대海運臺 같은 데 여행을 가서도 그것은 꼭 실천을 했었지요.

더욱 공기 맑고 물 좋은 데를 찾아 양평楊平 콘도미니엄이며 도고道高 온천으로 가 며칠씩 묵기도 했었지요. 작년 가을 도고에서 밤을 줍던 일이며, 고구마와 밤을 쪄 먹던 일이 생각나는군요. 그리고 산이며 둑길에서 질경이, 민들레를 캐고, 동쪽 들을 길게 건너지른 도랑에 난 돌미나리를 바람이 부는 속에서 햇볕을 쬐어 가며 뜯었지요. 양평서는 숙소에서 겨우 발걸음을 옮겨 낙엽송落葉松 숲속에 벌여 놓은 기다란 나무걸상에 앉아 삼림욕森林浴을 하고, 산골짜기를 느럭느럭 올라가 길가에 무더기무더기 퍼진 질경이를 나무 꼬챙이로 재미있게 캐어 모아 칡으로 동여매서 가지고 내려올 때에는, 그대는 언제 그랬더냐는 듯이 기운이 팔팔 나기도 했었지요.

올 봄에 들어서서도 2월 하순에서 3·1절에 걸쳐 일본 북구주北九州로 한국고대문화 일본탐방여행韓國古代文化 日本探訪旅行을 했지요. 고향의 여자 친구들과 호흡이 맞아 높은 데도 별 힘들지 않게 다니면서 발동되는 지적知的 의욕으로 한 마디라도 더 기록하려 애썼지요. 유달리 온천溫泉을 좋아하는 그대는 온천욕만 하면 피로가 싹 풀리고 새로운 힘과 입맛이 솟아 여행 중 음식을 아주 맛있게 들고 소화도 잘 시켰지요.

III

지난 4월에 초음파超音波 검사를 한 결과 뜻밖에도 수술 부위 조금 아래쪽에 조그마한 것이 새로 나타나, 색전塞栓 시술을 받았지요. 오른쪽 서혜부鼠蹊部의 동맥을 통하여 약물을 쏘아 올려 환부에 형성된 혈관을 막아 영양 공급을 차단시킴으로써 병소病巢를 괴사壞死시키는 것이지요. 3개월 후 초음파 검사를 한 결과 전번 색전 부위는 잘 막혀 있는데, 그때 자그마한 별처럼 네댓 개 보이던 그 중 하나가 꽤 크게 뿌리를 내려, 다시 색전을 하기로 하고 시술 날짜를 제헌절制憲節 뒤로 잡았지요. 제헌절 연휴에 평소 동기同氣처럼 다정하게 지내고 있는 세 가족이 경주慶州 여행을 떠났지요. 그대는 새마을호의 점심 도시락이며, 경주 감포甘浦 앞 횟집에서 회膾를 그렇게 맛있게 들고, 그 다음날 아침이며 귀경歸京 열차에서의 점심 도시락도 전번 일본 여행 때보다도 더욱 달게 들고 소화도 거뜬히 시켰지요. 이것은 난생 처음 겪었던 놀라운 일이었지요.

경주에서 돌아와 받은 두 번째 색전 시술에서는 아직 뿌리가 내리지 않은 작은 것들도 싸잡아 범위를 좀 넓게 잡겠다는 의사의 의견에, 간肝이 괜찮을까 걱정했더니, 간은 필요에 따라 자체 혈관이 형성돼 영양 공급이 되게 된다고 했지요. 그 뒤 초음파 검사에서는 두 번째 색전도 잘 되고, 모든 기능이 다 좋다고 했지요.

Ⅳ

수지침手指鍼의 효과가 특출하다는 이야기를 듣고는 손바닥과 손등에 로마자와 아라비아 숫자로 뜸자리를 기입해 놓은 그림과 뜸 책을 대조對照해 가며 하루에 손수 수십 방씩 뜨고, 나중에는 내가 거들었지요. 그래 다방이나 음식점에 갈 기회가 있으면 꼭 뜸 불을 붙일 성냥을 얻어 오곤 했었는데, 지금은 그 필요가 없게 됐군요.

분당盆唐서 사는 아들[善中] 내외가 주말에 상돈商敦, 상협商協 형제를 데리고 오면, 그대는 그 애들을 데리고 아이스크림을 사 주려 신영新營 아파트와 나란히 동서로 길게 놓인 구름다리로 올라가 "준비, 땅!" 하고 나도 함께 다리 끝까지 뜀박질을 시켰지요. 밑으로 내려간 보도步道에서도 목표를 정해 놓고 달리게 하면 몇 차례 안 달려, 짐짓 초간稍間한 거리에 있는 아이스크림 집에 당도當到하게 되지요.

금년 5월 말에는 전남 곡성谷城 태안사泰安寺 성기암聖祈庵에서 하룻밤 기도를 하였으며, 7월 10일에는 친한 친구 내외와 단성사團成社에서 영화 서편제西便制 감상을 했지요. 그 날 점심과 저녁도 얼마나 기억에 남게 달게 들었던가요. KBS 박물관 대학의 주선으로 7월 말엔 빗속에 소양강昭陽江가 청평사淸平寺를, 8월 10일에는 충남 서산瑞山의 마애삼존불磨崖三尊佛 답사를 참으로 힘겹게 다녀왔지요.

V

그런데 8월 하순엔 그대가 유난히도 피부에 윤기潤氣가 돌고 얼굴빛도 좋아져 송추松湫에서 있는 집안 친목계 모임에서 사람들은 이제 병을 완전히 놓았다고 축하 인사를 하기도 했었지요. 그때 찍은 비디오에 그대의 그런 모습이 잘 나타나 있지요. 그러나 그것은 단지 촛불이 꺼지기 전 한때 반짝 빛나는 그런 현상이었음을 어찌 짐작이나 했겠어요?

본시 그 날 해야겠다고 일단 마음먹은 일은 상당한 무리가 따라도 기어코 해내고야 마는 철저한 성격이 무리를 가져왔던 것이지요. 그리하여 9월 1일부터 자리에 몸져누워서도 38, 9도를 오르내리는 고열을 병원에서도 잡지 못하고, 시나브로 평열을 되찾긴 했으나 갑자기 간이 굳어지고 극도로 입맛을 잃어 음식을 섭취攝取 못하게 되었지요. 그래 다시 입원을 하자고 했으나 그대는 싫다고 했었지요. 그러고서 조금이라도 먹으려 안간힘쓰던 그 모습은 참으로 눈물겨웠지요. 음식 섭취를 못하니 영양 주사며 특효가 있다는 고가高價 식품도 별 도움이 되지 못한 채, 자체 조직 내부에 간직돼 있던 에너지가 점차로 소진燒盡되자 기력이 날로 떨어져 생일날부터 그 소명昭明하던 두뇌가 작동을 멈춘 상태로 빠져들었지요. 그대가 기력이 있어 말을 할 때 부탁했던 생일 불공을 드리고 집으로 와 보니, 그대로는 그 밤을 넘길 수가 없겠기 구급차救急車를 불러 서둘러 입원을 했었지요.

담당 의사의 배려로 입원실 마련까지 돼 있어 산소酸素며 혈관 주사도 재빨리 연결했으나 점차로 악화 일로一路를 달려 그 이틀 후인 10월 29일 밤 8시 45분에 이 세상을 영원히 하직下直하게 된 것이지요.

그대는 평소부터 암으로 인한 비참한 최후를 맞지 않기를 염원念願했었는데, 참으로 기적같이 토혈吐血이며 손톱이 자빠질 정도의 안절부절 못하는 그러한 극한 상황은 전연 일지 않은 채, 입원 다음날에는 손수 일어나 앉아서 몸속에 들어 있던 대소변을 깨끗이 다 배설排泄해냈지요. 그 다음날 아침 선중善中이의 전화를 받고 급거急遽 서울로 향발向發, 저녁때 병원으로 달려온 무주茂朱 구천동 백련사白蓮寺 주지住持 현수賢首스님의 극락왕생 축원 속에 66년의 생을 마치고 그대는 지그시 눈을 감았던 것이지요. 20여 년 전 선중이 대학 진학 기원祈願 때부터 인연을 맺어온 현수스님은 49재 때 천도 법문遷度法門도 손수 하기로 했지요.

모든 것이 끝난 뒤 무슨 말이 소용있으리요만, 그대는 첫째로 기초 체중體重 미달 상태로 수술을 받은데다가, 둘째로 이겨 낼 수도 없는 항암주사로 타격이 가중加重돼 결국 기력 회복이 안 되는 결과를 가져온 것이며, 셋째로 체질에 맞는 식품食品 운운云云으로 본시 짧은 입인데다 평소 그런 대로 먹던 식품도 의도적으로 제한 받음으로써 극도의 영양실조失調 현상을 가져온 것이라고 생각되는군요.

토요일 온 하루밖에 없는 짧은 3일장이었는데도 조문객과 조화弔花가 영안실靈安室을 메웠지요. 30년 전에 우리가 산지山地를 마련하고, 그 뒤 곧 작고하신 장인 장모 어른을 먼저 모신 퇴계원退溪院 동쪽 남양주군南楊州郡 진건면眞乾面 신월리新月里 산상山上까지 회장會葬도 많이 오셨지요. 평소 두 어른 성묘 때 그대가 손수 톺아 본 그 자리의 토색土色과 토질이 좋고, 좌청룡左靑龍 우백호右白虎가 뚜렷한 가운데 앞에 저수지가 바라다 보여 가히 명당明堂이라 이를 만한데, 이는 망인亡人의 복福이라고들 하였지요. 사실 평소에 친시가親媤家의 집안일이며 친구나 친지의 어려운 일을 두름성 있게 합리적으로 해결하고, 직선적이지만 깊은 정情을 심어 왔기에, 앓는 동안에 다들 자기 일같이 자주 찾아와 위로도 했었지요. 특히 작년 7월 간肝 수술 때, 그대와 같은 혈액형(A)을 가진 친지親知나 그 자녀들 20명이 자진해서 헌혈獻血을 하겠다고 나섰었지요.

출상出喪 당일 아침 4시 반에 잠이 깨어, 그 길로 집으로 달려가 그대의 육성肉聲 테입을 찾아왔지요. 9시부터 시작된 현수 스님의 고별告別 축원이 끝나자 대학大學에 재직 중인 제자弟子들로 하여금 간결히 영결永訣 절차를 밟게 했지요. 그대의 약력略歷과 유시遺詩 낭독, 육성肉聲 청취, 내 인사말 순서로 진행시켰지요. 유시는 그대의 시집詩集『삶의 이삭들』에서 선중이가 고른「혼자서 가는 길」이며, 육성은 1978년에 가족

문집家族文集『제비』가 나오자 KBS에서 그대와 대담對談 방송한 테이프이었지요. 나는 그토록 성실하고 총명한 아내를 지키지 못해 면목面目이 없음과 주말의 바쁘심에도 이렇게 많이 와 주셔서 감사하다는 요지로 반목이 멘 인사를 했지요. 그날 아침 집에서 그대의 노래 테입도 발견했는데, 얼떨결에 가져오질 못해 그것을 들을 수 없었던 것은 안타까웠지요. 작년 말 고향 파주坡州향우회 송년 모임에서 그토록 혼신渾身의 열정으로 부른 노래를 녹음을 못했었고, 올 8월 건강이 회복된 듯 보일 때 집에서 혼자서 청아淸雅한 목소리로 노래를 불렀는데, 그것도 녹음할 기회를 놓치고 만 것을 아쉬워했었는데, 그 전 언젠가 반주 없이 녹음해 둔 노래 모음 테입이 나타나 슬픈 가운데서도 참으로 반가웠던 것이죠.

반혼返魂은, 우리가 세검정洗劍亭으로 이사 온 뒤 그대가 근 20년간이나 다닌, 승가사僧伽寺 올라가는 어귀에 있는 혜림정사慧林精寺로 했지요. 이것은 정말 우연한 일이지만, 그대가 세상을 뜬 꼭 1주일 뒤엔 11월 4일에 입적入寂하신 성철性徹 스님 영정影幀을 바로 그대 영정 옆에 모시게 되었으니, 이는 크나큰 법연法緣이 아니라 할 수 없는 일이지요. 성철스님의 열반송涅槃頌의 끝 구절 '일륜토홍괘벽산一輪吐紅掛碧山'도 그대의 생生 그대로라고 감히 견줄 수 있다고 보오. 이글이글 붉게 타는 하나의 햇덩이가 푸른 산에 넌지시 걸려 있단 말이오. 초재初齋에서 7재 곧 49재까지 사이에도 삭망朔望을 병행竝行하여 내년 일주기一周忌까지 계속하려 하오.

VI

삼우제三虞祭를 지낸 날, 손자들까지 산소에 갔었는데, 봉분과 함께 활개며 제절除節 곧 계절階節에 잔디가 잘 심겨져 있었소. 초재初齋를 올린 날 지하 식당에서 공양을 마친 뒤, 나 혼자 대웅전大雄殿으로 다시 올라가 그대 영정 앞에서 "애들이 세검정 집으로 들어와서 함께 열심히 살아가고 있으니, 뒷일은 걱정 말고 속히 극락왕생極樂往生하시오." 하고 축원하니, 그대는 웃음을 띄고 알았다는 표정을 지었지요.

올 들어 비교적 몸 형편이 나을 때에는 매월 9일 동창 모임과 25일 자모慈母들의 동심회同心會 모임, 매주 목요일 KBS 박물관 대학 청강일聽講日을 제외하고는 하루 세 끼를 꼬박 나와 같이 집에서 들었지요. 점심은 12시 40분, 저녁은 오후 6시 40분 정각定刻에 들었지요.

특별히 몸져누운 9, 10 두 달 동안은 24시간 간호를 계속해, 선중이를 비롯해 주위에서는 도리어 내 건강을 걱정했었다 하오. 10월 하순으로 접어들자 선중이의 적극적인 권유로 간병인看病人을 주선하려 하였지만, 그대는 고개를 흔들었지요. 앞으로 얼마 남지 않은 그 동안을 다른 사람 손을 탈 생각이 없겠다는 뜻이었을 것이라는 것을 결과적으로 짐작할 수 있었지요. 미안하오. 나보다 다섯 살 아래인 그대가 응당 나의 마지막을 보살펴야 할 터인데, 평균 수명平均壽命도 누리지 못하고 이렇게 홀홀倏忽히 떠나갈 줄은 꿈에도 생각 못했지요. 몸은 비록 수척瘦瘠했어도 목소리가 아무지고 기억력이 여전하며, 판단력이 분명했기 때문이죠. 그러기에 나는 그대가 반드시 회춘回春하리라는 소신을 가지고 간호에만 지극 정성을 쏟았던 것이죠. 그런데 웬걸 일단 기력이 떨어지기 시작하니 걷잡을 수 없이 급전직하急轉直下, 서둘러 입원시켰으나 호전이 안 되기, 지관地官에게 그대가 갈 정확한 위치와 방위方位를 확정짓게 하고, 수의襚衣 준비도 부탁했지요. 그리고 영정 마련에 쓸 사진을 며느리에게 찾으라 하여 1986년 혼인 기념일에 그대가 웃음 띤 얼굴로 찍은 사진을 갖다 맡겼지요. 그러한 일은 다 그대가 세상을 떠나기 하루 전에 취했던 것이죠. 그대가 생존했더라면 보낼 준비가 왜 그리 늦느냐고 탓했을지 모르나, 그토록 갑자기 내 곁을 떠날 줄을 정말 몰랐었기 때문이오.

그런데 나를 먼저 보내고 파파婆婆 노인의 몰골로 애들에게 신세를 끼침보다 이렇게 내 보살핌 속에서 고생 더하지 아니하고 세상을 뜬 것이 몇 배 낫다 여겨지기도 하오. 평소 유난히도 한복 매무새가 우아優雅하여, 운명殞命 직전 여자들이 곁을 잠깐 비운 사이 선중이와 둘이 애써 갈아입힌 고운 연두색軟豆色 한복 차림은 마치 선녀仙女가 하늘에서 내려와 잠깐 누워 있는 것 같았지요. 사실 60 중반에 들어서서도 노老티가 나지 않고 애띤 자태姿態를 지녀온 그대는 영정影幀에 담겼듯 영원히 웃음을 띤 모습으로 친척과 친구와 주위의 아쉬움 속에 세상을 떴지요. 세속世俗에서 이르기를 생일을 지나고 세상을 뜨면 타고난 수명壽命을 다한 것이라고 하는데, 생일 이틀 뒤에 세상을 떴으니 명한命限 껏 산 것일 거라고 자위自慰해 보기도 하오.

Ⅶ

그런데 3재三齋인 11월 18일, 벌써 10년 전에 공주서 서울로 올라와 H한의원에서 4개월 동안 초능력超能力 기공氣攻 시술을 하면서 압구정동에 거처할 때, 동기同氣들이 미국으로 이민을 가 쓸쓸함을 달래 주려 그대가 수요일과 일요일이면 그리로가 애들과 놀아 주며 노래도 가르쳐 줄 때 함께 찍은 사진을 가지고 나를 찾아온 J거사居士를 만났지요. 그때 대전으로 내려간 뒤 양주兩主가 늘 그대의 성실한 배려配慮와 따사로운 정을 잊지 못해 했었는데, 부인이 신문을 정리하다가 우연히 부음訃音란에서 그대 소식을 접하고 깜짝 놀라 서둘러 남편을 올려 보낸 것이지요. 사후 약방문死後 藥方文이란 것은 바로 이런 경우를 두고 이르는 것이겠지요. 진작 손이 닿았더라면 그렇게 애를 먹던 복수腹水 제거는 물론, 간을 다 원상으로 소생시킬 수도 있었다는 것이니 말이오. 후회가 앞설 수 없는 지금, 간호에 지친 내 건강이라도 회복시켜 주겠다는 것이에요. 그대는 복전福田을 심어 놓고도 까마득히 잊고서 거둘 기회를 놓쳤으니 그게 바로 명운命運이 아니었던가 여기면서, 가슴이 억색抑塞하는 안타까움에 마침 아이들이 집을 비운 틈을 타 혼자서 마음껏 소리내어 울었지요. 공자孔子가 그의 수제자 안연顔淵을 잃고 곡지통哭之慟했다고 논어論語에 나와 있는데, 그때의 공자의 심경이 이런 것이 아니었겠나 여겨지오. 그가 하루걸러 올라와 나를 열심히 보살피겠다니 해쓱해진 건강이 날로 회복되리라 여겨지오. 그대가 스스로는 기회를 잃었으나, 내게 그를 연결시켜 준 것이라 고맙게 여기면서도 미안감을 금할 길이 없군요.

평생을 절검節儉과 성실로 일관한 그대는 구미歐美 각국은 물론, 동남아, 남태평양 일대, 인도印度, 네팔, 스리랑카, 대만, 중국中國 본토와 백두산白頭山, 구소련舊蘇聯까지 다 돌고, 일본은 북해도北海道에서 오키나와沖繩까지 종주縱走를 했었지요.

국내의 명산대찰名山大刹이며 5대 보궁寶宮을 샅샅이 돈 그대는 음력 정초正初에는 반드시 오대산 적멸보궁寂滅寶宮엘 갔지요. 올해도 나와 함께 눈 속을 푹푹 빠지면서 갔다왔지요. 그때 신바닥에 받쳐 댔던 아이젠이 신장 속에 그대로 있군요. 그뿐 아니라 선중善中이의 경기, 서울대 진학進學, 혼인과 상돈, 상협의 돌잔치, 나의 학위學位 뒷바라지와 축하, 회갑, 그리고 작년 4월에 고희古稀 잔치까지 다 치렀으니, 어머니와 할머니, 아내로서의 소임所任을 깨끗이 다하고, 동시에 살아온 보람도 컸었다 여겨지오.

Ⅷ

오늘은 음력 10월 보름, 아침에 절에 가 삭망朔望을 지냈소. 마침 일요일이라 많이들 오셨었지요.

전번 첫추위에 얼었다가 녹은 배추와 무, 갓을 뽑았소. 올봄에 집 앞 언덕에 새로 빌려 일군 밭두둑에서 돌을 추려내고 호미로 바닥을 골라 이랑 모양을 이루느라 애쓰던 그대 모습이 떠올라, 지스러기까지도 선중이와 남김없이 다 거두었소. 그대가 갖은 고생을 하면서 시골로 가 직접 구해온 싹을 내가 밭에 심은 신선초神仙草와, 집에 심은 케일이며 컴프리는 주인을 잃은 채 쓸쓸히 서 있군요.

오늘은 선중이 내외의 권유로 모처럼 외식外食을 했소. 상돈이 상협이가 탕수육을 곧잘 먹고, 상돈이는 아비를 닮아서인지 해삼탕도 꽤 먹었소. 돌아오는 길에 S호텔에 들러 차를 마시었소. 지난날 그 애들이 그대의 손을 잡고 거기서 깡충거리던 모습이 눈에 선히 떠올랐소.

안방은 그대가 아끼던 중요 가구들과 함께 새로운 주부主婦

인 며느리에게 물려주고, 나는 서재書齋의 반자며 도배장판을 깨끗이 하고 사랑舍廊으로 삼아 거기서 기거하오. 애이불상哀而不傷이라 지나친 슬픔 속에 빠져들지 않고, 손자들 재롱 속에 그대가 못내 지키지 못한 건강복健康福을 애써 누리면서, 그대가 마지막 순간까지 성화하던 등과 가슴을 쭉 펴고 꼿꼿한 자세로 뛰려오. 그리고 상돈이 네 살 때 그대가 한 자씩 100여 자를 가르친 漢字를 숙어熟語로 만들어 서서히 익히게 하려 하오.

상돈이 상협이 형제는 집 앞에 있는 미술학원을 겸한 유치원에 재미있게 다니고 있소. 그대가 늘 걱정하던 선중이 조반朝飯은 일곱 시 좀 지나면 그 애와 겸상으로 꼭 들고 있으니 안심하오. 그대 간호로 등한했던 매주 한 번씩의 승가사 아침 등산도 다시 시작하여 약사전藥師殿의 물을 떠다가 먹고 있소. 그리고 그대가 애들이 분가分家할 때 가훈家訓으로 삼으라고 써 준

> 오늘 하루 부지런하리라.
> 오늘 하루 웃고 지내리라.
> 오늘 하루 시간을 지키리라.

를 걔들과 함께 지키면서 열심히 살아가려오. 미안하오. 달마회와 삼수회三水會에도 일부러 나가 괜찮은 도반道伴을

지키지 못하고 심려心慮까지 끼쳐 미안하다는 인사와 회식會食을 베풀었지요. 경주에 같이 갔던 세 가족이 저녁 회식을 할 때, 그대는 먼 여행길에 있어 참석 못했노라고 고告하면서 눈에 이슬이 맺혔었지요.

내년 음력 9월 보름 1주기 때에는 그대가 남긴 글과 붓글씨며, 대대代代로 가보家寶로 전해 내려가라고 애들에게 신신 당부한 선중善中이 혼인 때 손수 마련한 사모紗帽 관대冠帶하며 수를 놓아 지은 원삼圓衫, 손수 꾸민 족두리簇頭里, 그리고 등공예藤工藝, 등의자를 사진으로 촬영撮影하여 담고, 친 동기同氣 이상으로 얽고 젖어 온 동창同窓이며 친구들, 그 중에서도 마음 터놓고 부처님 길을 함께 닦아 가던 도반道伴들, 끝없는 아쉬움 속에 정답고 반가우며 든든함을 함께 잃어 허탈감에 빠져 있는 친척들, 그리고 그대가 자나 깨나 늘 건강을 걱정하고 애지중지愛之重之하던 선중이와, 그 애 3부자의 뒷바라지에 나까지 맡은 소중한 며느리의 글도, 그리고 글은 죽죽 읽을 줄 알지만 아직 쓸 줄은 모르는, 곧 여섯 돌을 맞이할 큰손자 상돈이에게 글 쓰는 법을 가르쳐 할머니에 대한 추억을 쓰게 하고, 부부간 해로偕老란 말을 길이 잃은 나의 굽이굽이 맺히는 사연의 글도 곁들여 그대가 이 세상에서 살아온 생생한 모든 것을 책으로 엮어 장정裝幀도 멋지게 펴내려 하오.

창窓에 비친 보름달이 유난히 밝소그려.

(1993)

▒ 연보

李應百, 雅號 蘭臺.

生年月日 1923. 4. 19(양).

출생지 경기도 파주.

•학력

1944	경성사범학교 예과 5년 수료.
1945	경성사범학교 본과 2년 1학기 수료.
1949	서울대학교 사범대학 국어과 졸업.

•경력

1949~1951	서울중학교(6년제) 교사.
1951~1954	서울사대 부설중·고교 교사.
1954~1957	이화여자대학교 전임강사·조교수.
1957~1988	서울대학교 사범대학 조교수·부교수·교수.
1988~현재	서울대학교 명예교수.
1976~1980	서울대학교 부설 방송통신대학 학장(겸보)
1955~1993	한국국어교육연구회 회장.
1986~1998	한국수필문학진흥회 회장.
1989~현재	전통문화협의회 회장.
1997~2003	사단법인 한국어문회 이사장.
1999~현재	사단법인 중봉조헌선생기념사업회 회장.

•상훈

1982 국민훈장 동백장 .

1987 교육특별공로상(대한교육연합회)

1988 국민훈장 모란장.

1998 수필과비평문학 대상(수필과비평사)

1998 제2회 동숭학술상(동숭학술재단)

•저서

1961 한글맞춤법사전(문호사).

1965 한국어학본「재일거류민단大阪府본부」.

1973 국어교육론(공)(일조각).

1975 국어교육사연구(신구문화사).

1988 속 국어교육사연구(신구문화사).

1988 자료를 통해본 한자·한자어의 실태와 그 교육(아세아문화사).

1989 방송과 언어(일조각)

1989 국민학교 학습용 기본어휘 연구(대한교과서)

2000 한중한문연원(전통문화연구회)

2001 아름다운 우리말을 찾아서(현대실학사)

2004 한자를 아는 것이 國力이다(전통문화연구회)

•수필집

1988 기다림(한샘)

1990 고향길(문향)

1999	우리가 사는 길(미리내)

•시조집

1992	인연(시조생활사)
2002	나들이(동경사)

•想 華

1994	영원한 꽃의 향기(보성사)
1995	속 영원한 꽃의 향기(문양사)
1996	혜순의 붓자취(문양사)
1999	난향 죽정(동경사)
2000	그리움의 사연들(동경사)

현대수필가 100인선 · 02
이응백 수필선
언덕 위의 하얀 집

초판인쇄 | 2007년 10월 20일
초판발행 | 2007년 10월 25일

지은이 | 이 응 백
펴낸이 | 서 정 환
펴낸곳 | 좋은수필사

주 소 | 서울시 종로구 익선동 30-6
운현신화타워 빌딩 3층 305호
전 화 | 02)3675-5635, 063)275-4000
등 록 | 1984년 8월 17일 제28호
홈페이지 | http://www.shin-a.co.kr
e-mail | essay321@hanmail.net

값 7,000원

ISBN 978-89-5925-249-7 04810
ISBN 978-89-5925-247-3 (전 100권)